MEINE WUNDERVOLLE WELT DER MODE

DIESES BUCH GEHÖRT:

ALTER:

Für
Safiya

BIBLIOGRAFISCHE INFORMATION DER DEUTSCHEN NATIONALBIBLIOTHEK
DIE DEUTSCHE NATIONALBIBLIOTHEK VERZEICHNET DIESE PUBLIKATION IN DER DEUTSCHEN NATIONALBIBLIOGRAFIE; DETAILLIERTE BIBLIOGRAFISCHE DATEN SIND IM INTERNET UNTER HTTP://dnb.d-nb.de abrufbar.

TITEL DER ORIGINALAUSGABE: MY WONDERFUL WORLD OF FASHION

ERSCHIENEN BEI LAURENCE KING PUBLISHING LTD., LONDON 2009

DEUTSCHE ERSTAUSGABE
3. AUFLAGE 2011

EIN UNTERNEHMEN DER LA MARTINIÈRE GROUP

UMSCHLAGGESTALTUNG: NINA CHAKRABARTI
SATZ: NINA CHAKRABARTI
DESIGN VON WOOD McGRATH
ÜBERSETZUNG: MARTIN ROMETSCH
DRUCK: C&C OFFSET PRINTING, CHINA
PRINTED IN CHINA

ISBC 978-3-86873-247-4

www.knesebeck-verlag.de

Meine wundervolle Welt der Mode

Ein Buch zum Malen, Basteln und Träumen

von Nina Chakrabarti

KNESEBECK

MODE
HÄNGT IN DER LUFT,
DER WIND TRÄGT SIE EINEM ZU,
MAN AHNT SIE,
MAN WITTERT SIE,
SIE KOMMT VON OBEN
ODER AUCH AUF DEM
STRASSENPFLASTER DAHER,
SIE IST
ÜBERALL
COCO
CHANEL

DIESEN KOPFSCHMUCK TRUG EINST EINE

ÄGYPTISCHE KÖNIGIN

MALE IHN GOLDEN!

WIE WÜRDE ER BEI DIR AUSSEHEN?

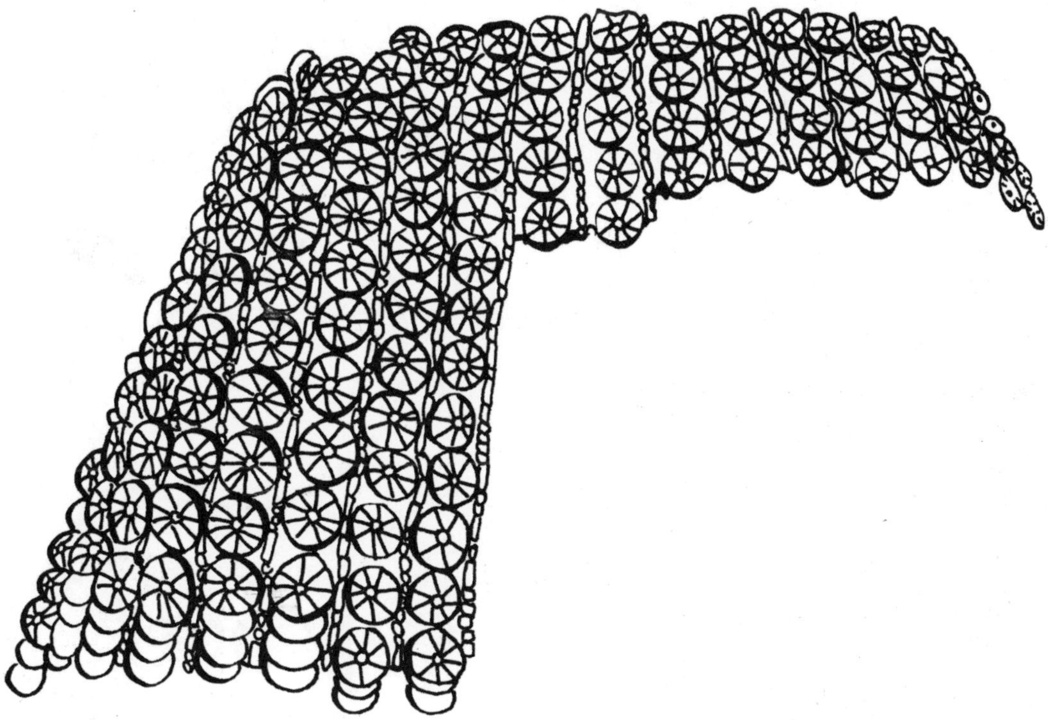

ZEICHNE HIER DEIN GESICHT und schau...

Ich ♥ ?
Ich ♥
FÜLL DIE AUFKLEBER MIT ALLEN DINGEN AUS, DIE DIR GEFALLEN

VERBINDE DIE PUNKTE...

UND DU BEKOMMST
EINE HÜBSCHE SONNENBRILLE

Barry
RHONDA
Марина
Claire
שרה
Sarah
Erica
करोल

ELVIS
MEL
Nina
'70
BEN
Amy
Suzy
LAURA

ENTWIRF

… EINE HALSKETTE MIT DEINEM NAMEN

Wie WÄR'S MIT EIN PAAR HALSKETTEN FÜR DEINE FREUNDINNEN?

SO MACHST DU

EINE HALSKETTE AUS KNÖPFEN

DU BRAUCHST:

EIN PAAR KNÖPFE

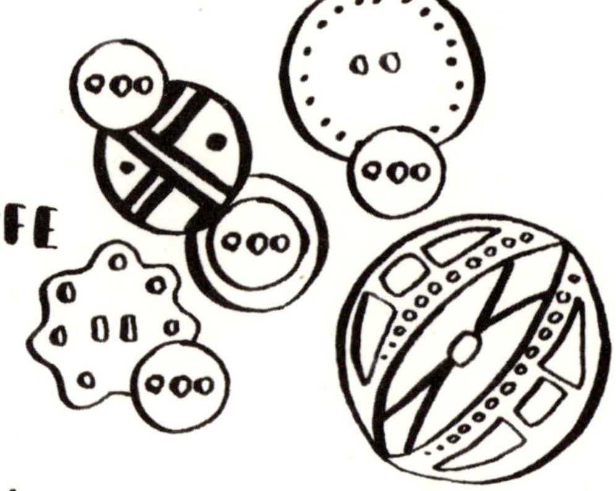

EIN LANGES STÜCK ZWIRN
ODER GUMMIBAND

SO LANG, DASS ES UM DEINEN KOPF PASST

①

ZIEH DEN ZWIRN ODER DAS GUMMIBAND
DURCH DIE KNÖPFE

②

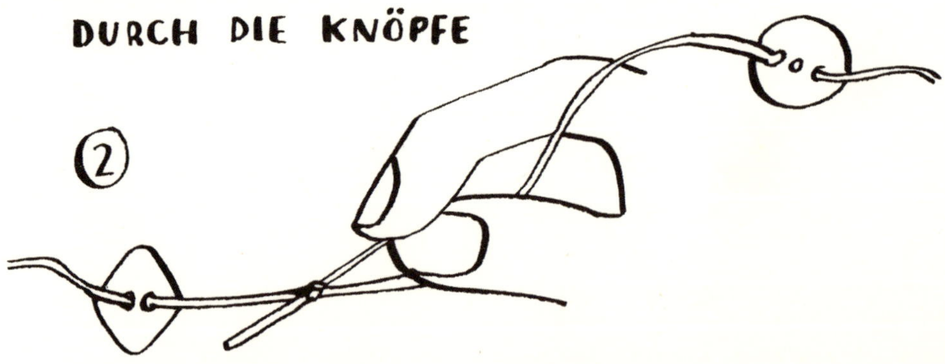

BINDE OBEN
EINEN KNOTEN

MEINE SCHÖNE KNOPF-HALSKETTE
DAS KANNST DU AUCH!
SIEHE ANLEITUNG AUF DER VORIGEN SEITE

SCHAU dir all die hübschen Knöpfe an

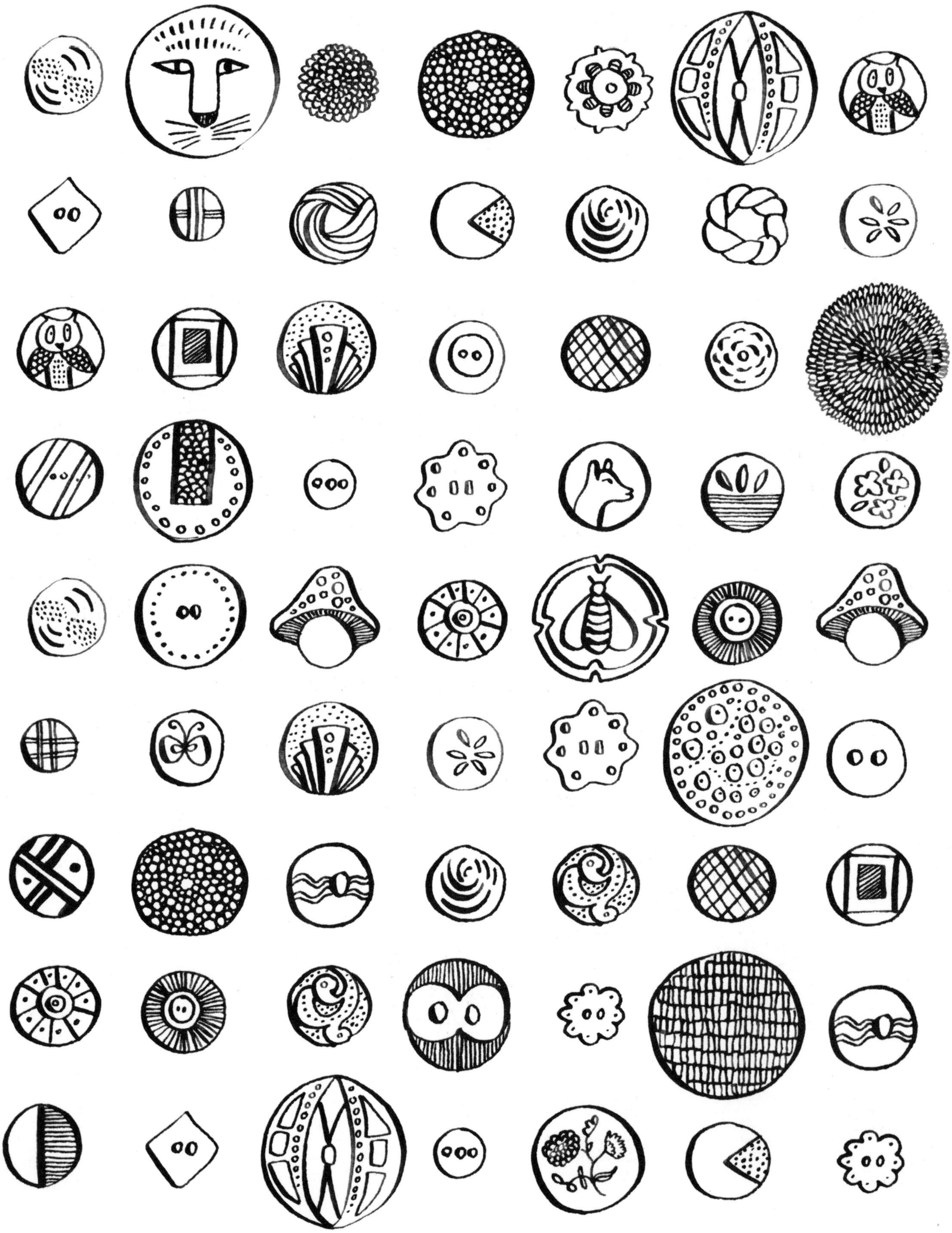

FINDEST DU ein zusammengehöriges Paar?

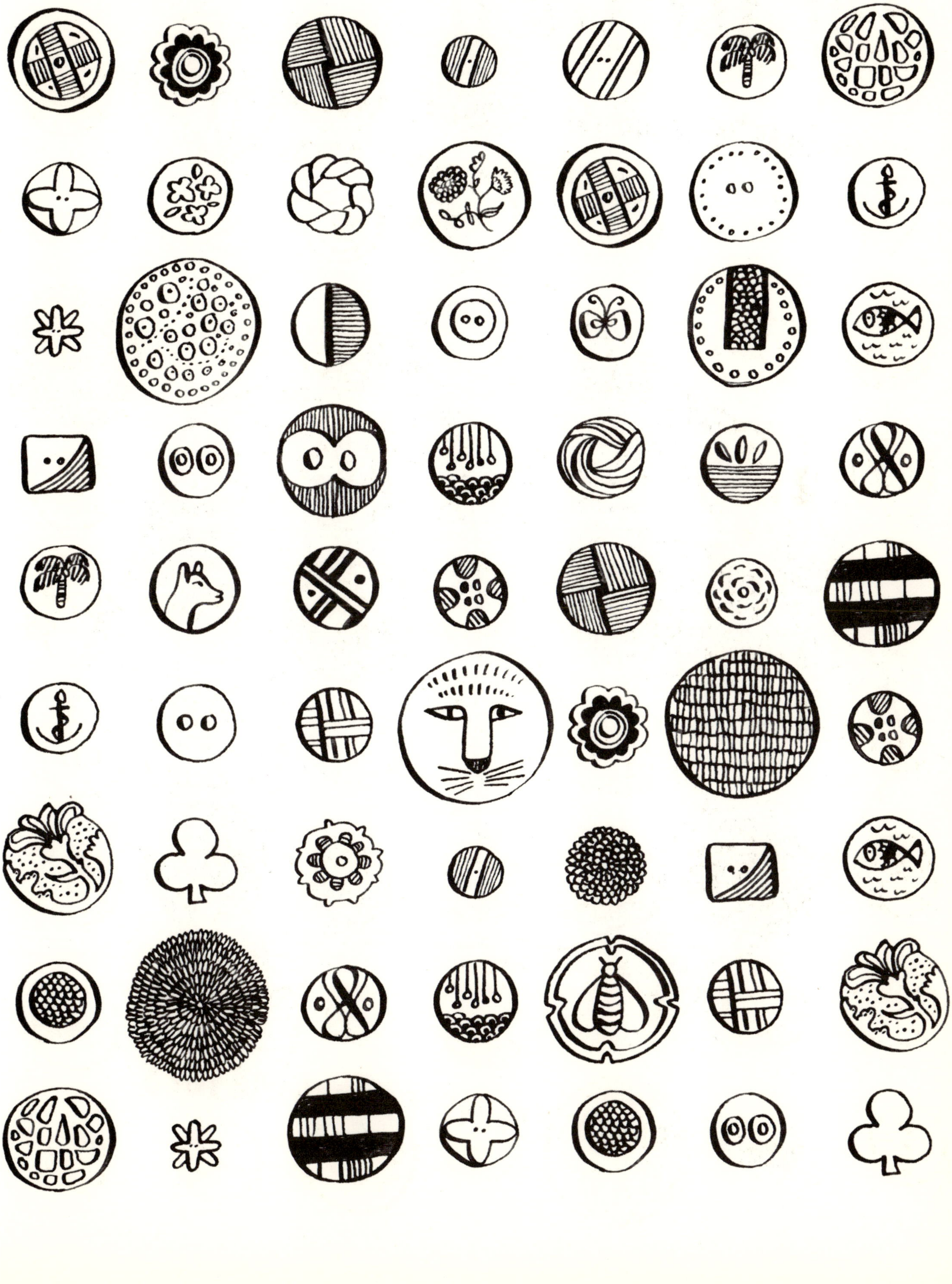

Nur für dich!

VERZIERE EINE ALTE JACKE MIT AUFNÄHERN, KNÖPFEN UND MUSCHELN

UND

MACH DARAUS ETWAS EINZIGARTIGES

Detail

STELL DIR VOR ...

DIESER SCHUH IST AUS KNÖPFEN GEMACHT!

ENTWIRF

EINEN SCHUH FÜR DICH
AUS BELIEBIG VIELEN VERSCHIEDENEN
KNÖPFEN

Entwirf

EIN MUSTER FÜR DAS KOPFTUCH
LASS DICH DABEI VON DER
FOLGENDEN SEITE INSPIRIEREN

AUSSCHNEIDEN
UND
AUF DIE
FOLGENDE
SEITE
KLEBEN

SCHNEIDE
DEN UMRISS
AUF DER
VORIGEN
SEITE AUS
UND
KLEBE IHN
HIER AUF

STRUMPFHOSEN
MACHEN
LEUTE

MALE

DIESE STRUMPFHOSEN MIT DEINEN

KNALLIGSTEN FARBEN AUS

VIEL SPAß

BEIM AUSMALEN DIESER

STRUMPFHOSEN- UND STRUMPFVERPACKUNGEN

Schuhe, herrliche Schuhe!

FÄRBE SIE, DENK DIR MUSTER AUS,
ZEICHNE STICKEREIEN EIN,
SCHMÜCKE SIE MIT EDELSTEINEN …
VERZAUBERE DIESE SCHUHE

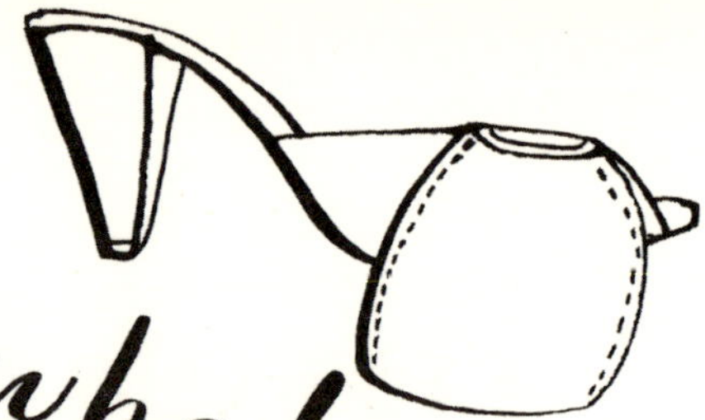

MODE-ARCHIV

DAS BARETT

IST EINE MÜTZE, DIE MÄNNER, FRAUEN, JUNGS UND MÄDCHEN TRAGEN...

MANCHMAL AUCH PUDEL

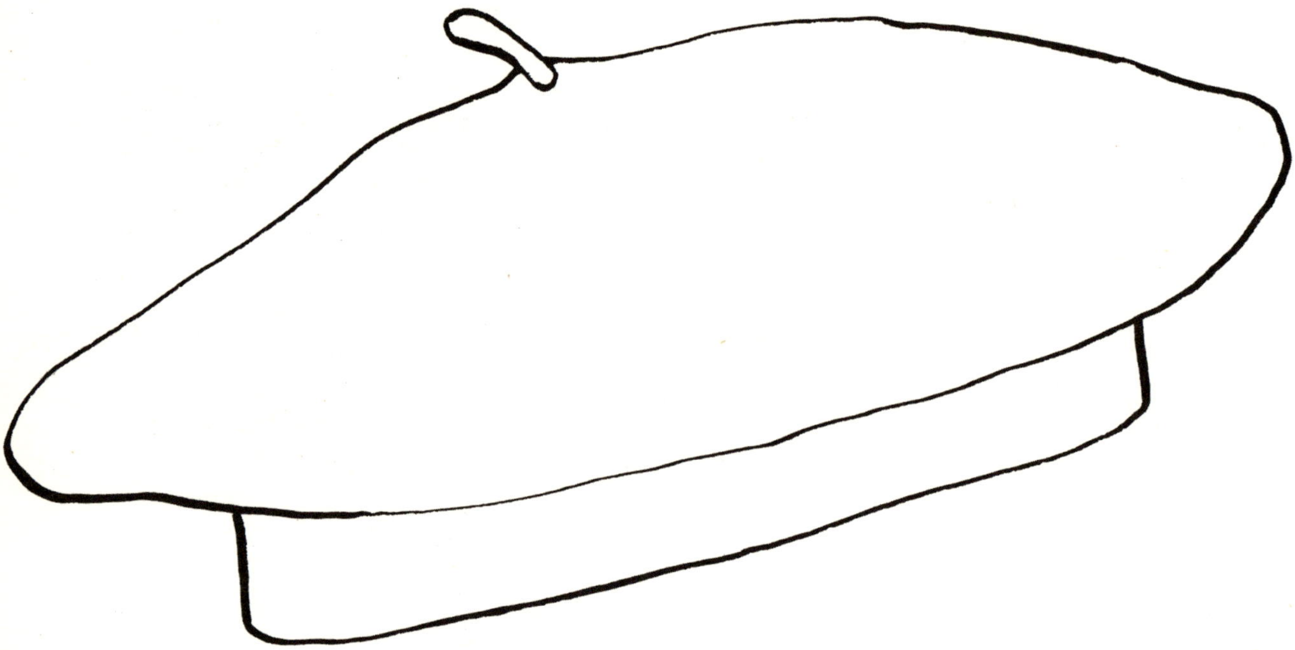

ES IST IN FRANKREICH SEHR BELIEBT

VERZIERE ES MIT FUNKELNDEN PAILLETTEN und PERLEN

ZEICHNE

EIN KECK SITZENDES
BARETT FÜR
DIESE JUNGE DAME

Schuh-Hut

von

Elsa Schiaparelli

ENTWURF

EINEN HUT, DER DEINEM
LIEBLINGSSCHUH ÄHNELT

MODE-ARCHIV

EIN KLEID DER
FINNISCHEN
FIRMA
MARIMEKKO

ABER...
WO IST DAS MUSTER ?

MARIMEKKO IST BEKANNT FÜR SEINE LEBENDIGEN MUSTER

WÄHLE EINES FÜR DAS KLEID AUF DER VORIGEN SEITE AUS

ZEICHNE

EIN PAAR
FINGERLOSE
HANDSCHUHE

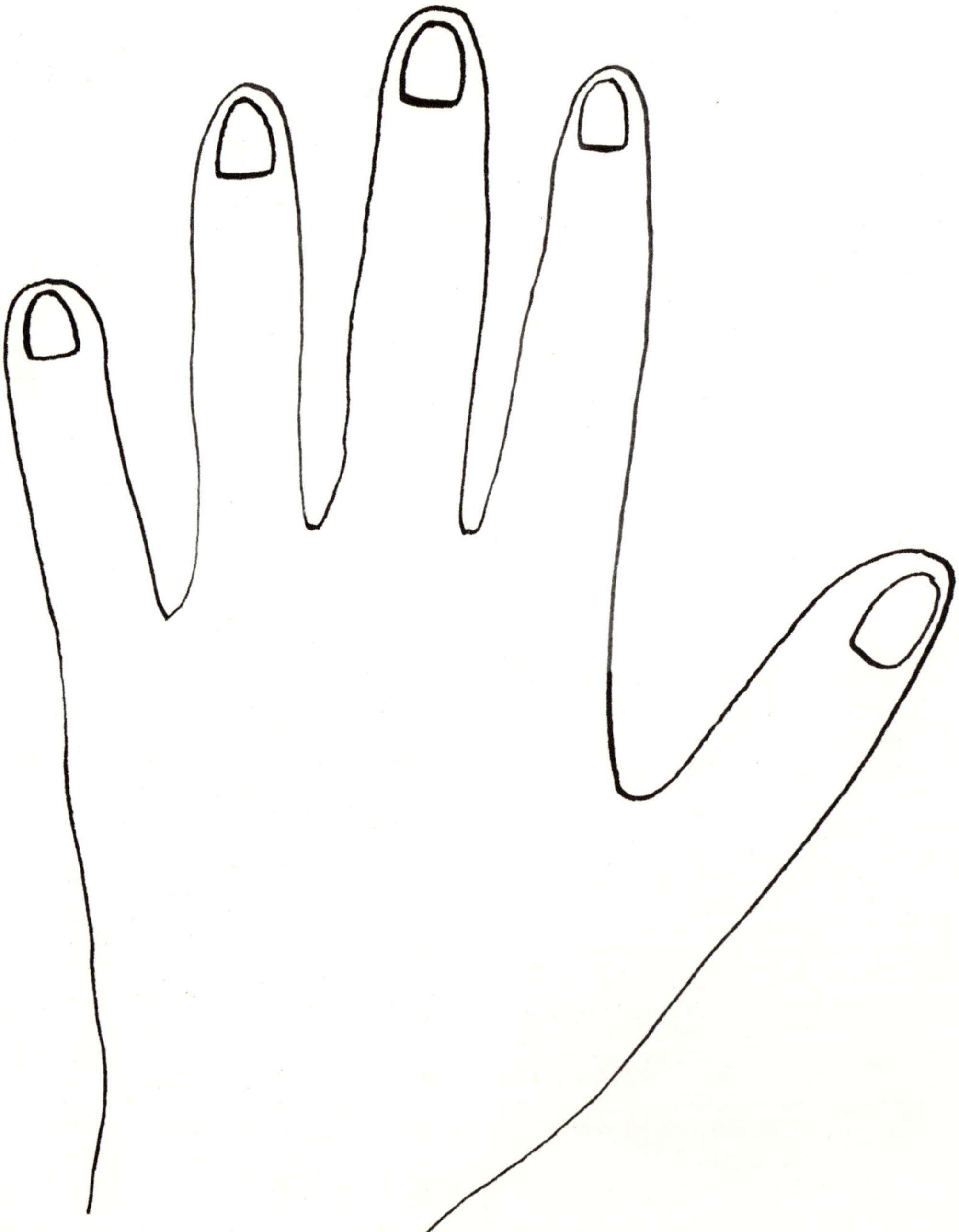

AUF DIESE HÄNDE

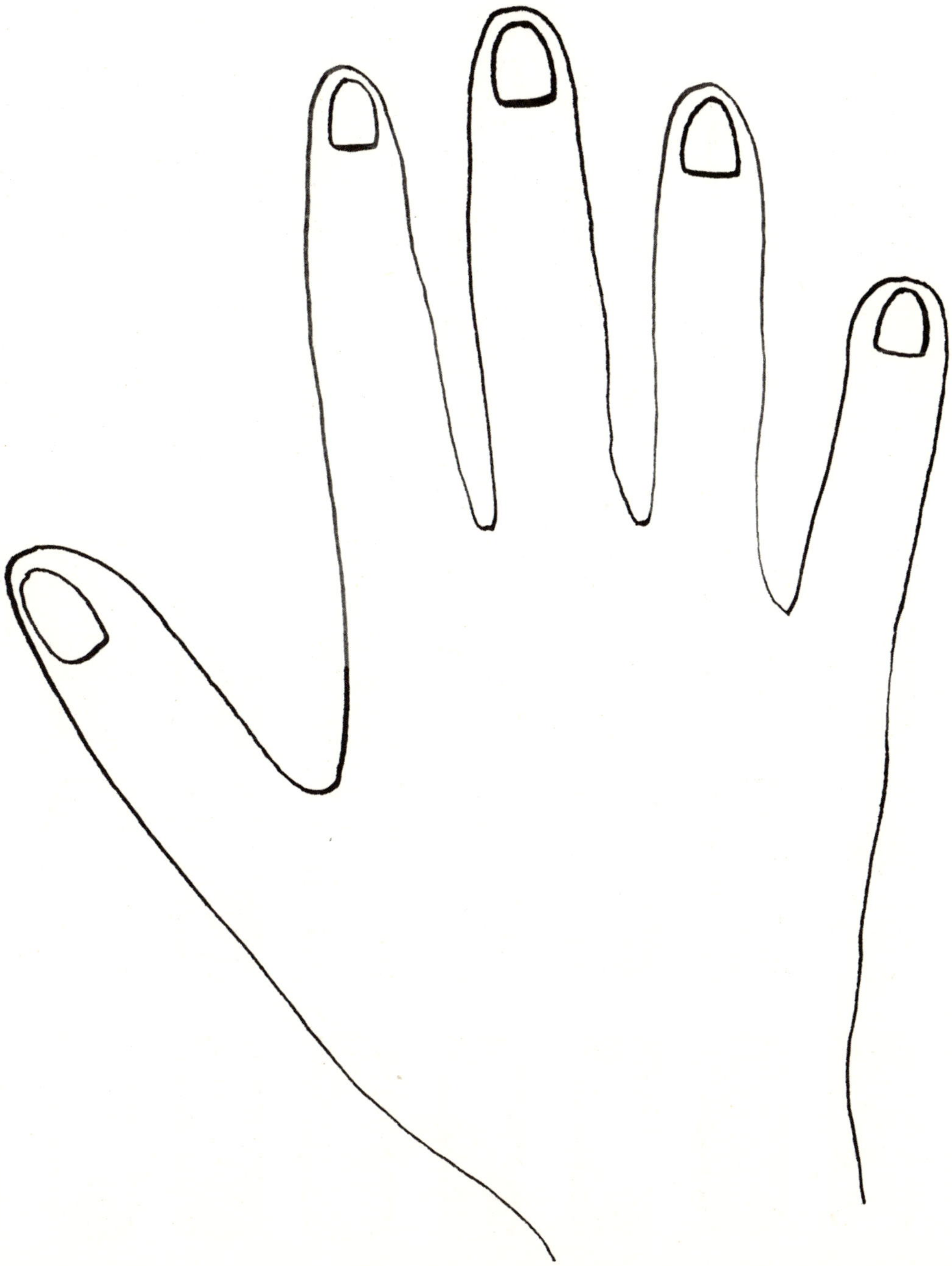

Die NAGEL-KUNSTGALERIE

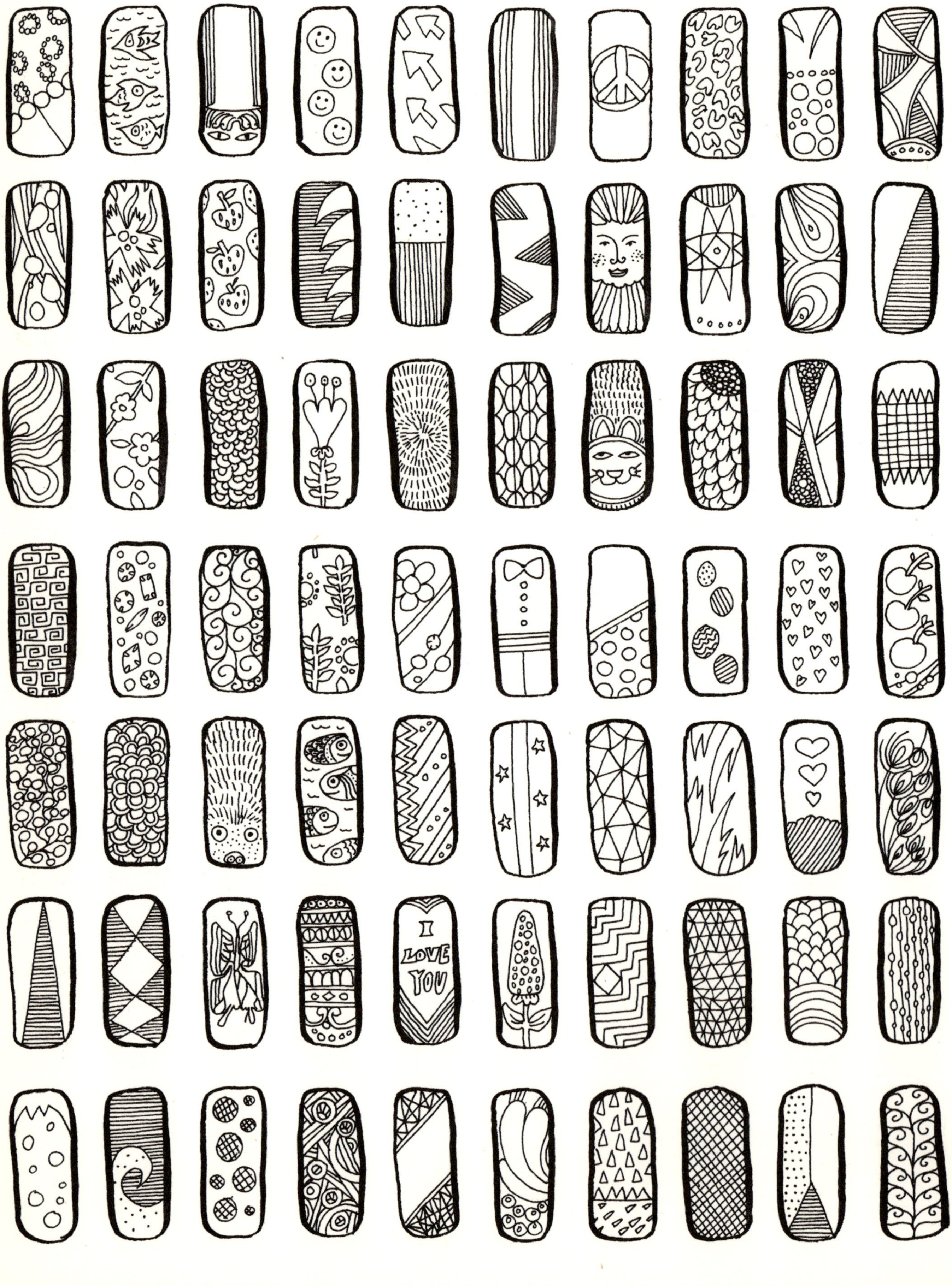

Bemale sie so,
DASS SIE FANTASTISCH AUSSEHEN

SCHNEIDE DIE SCHÖNSTEN NAGEL-KUNSTWERKE AUS

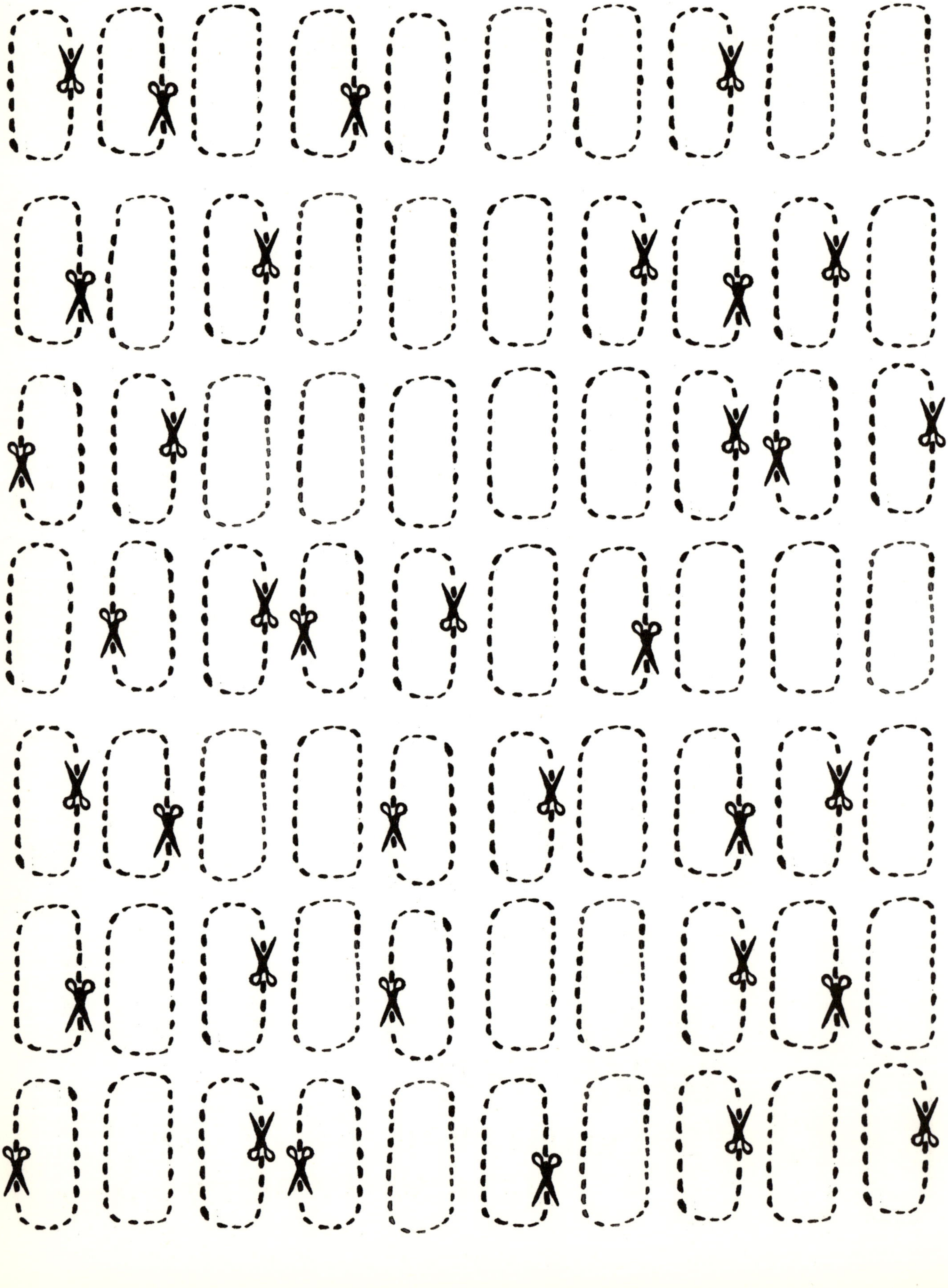

LEG

DEINE HAND AUF DIE SEITE,
UND ZEICHNE IHREN UMRISS MIT EINEM STIFT

und nun...

KLEBST DU DIE NÄGEL DARAUF,
DIE DU AUSGESCHNITTEN HAST

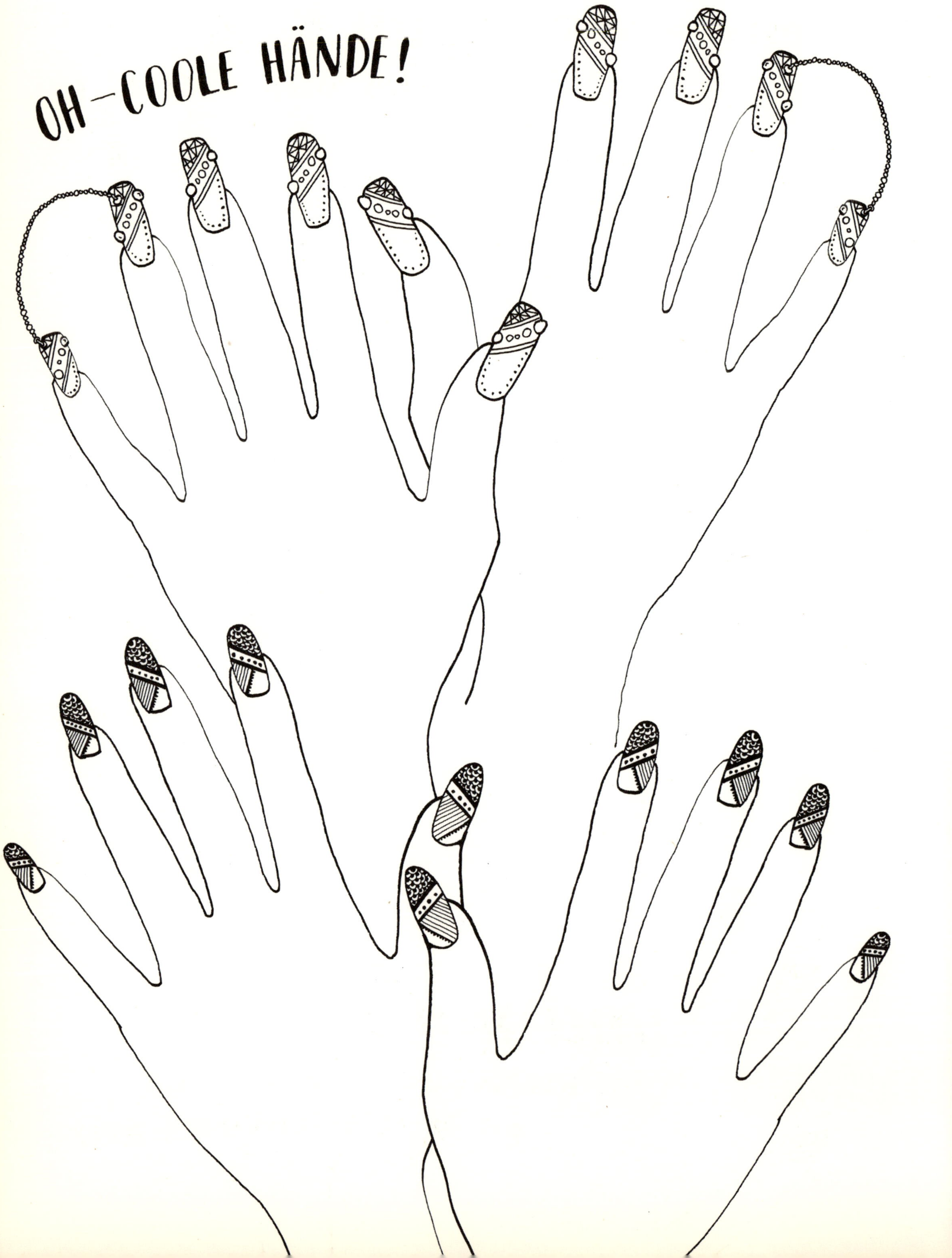
OH-COOLE HÄNDE!

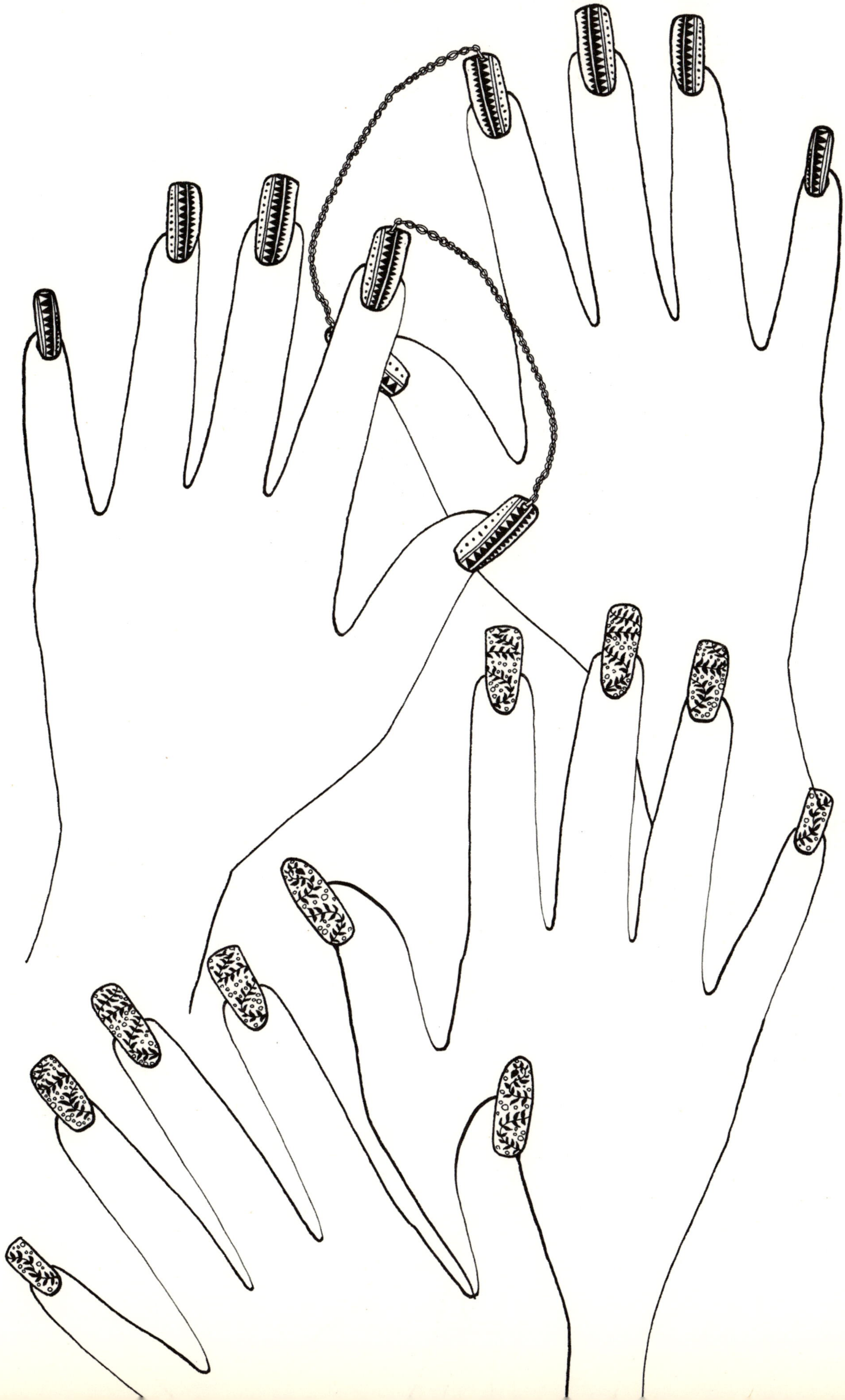

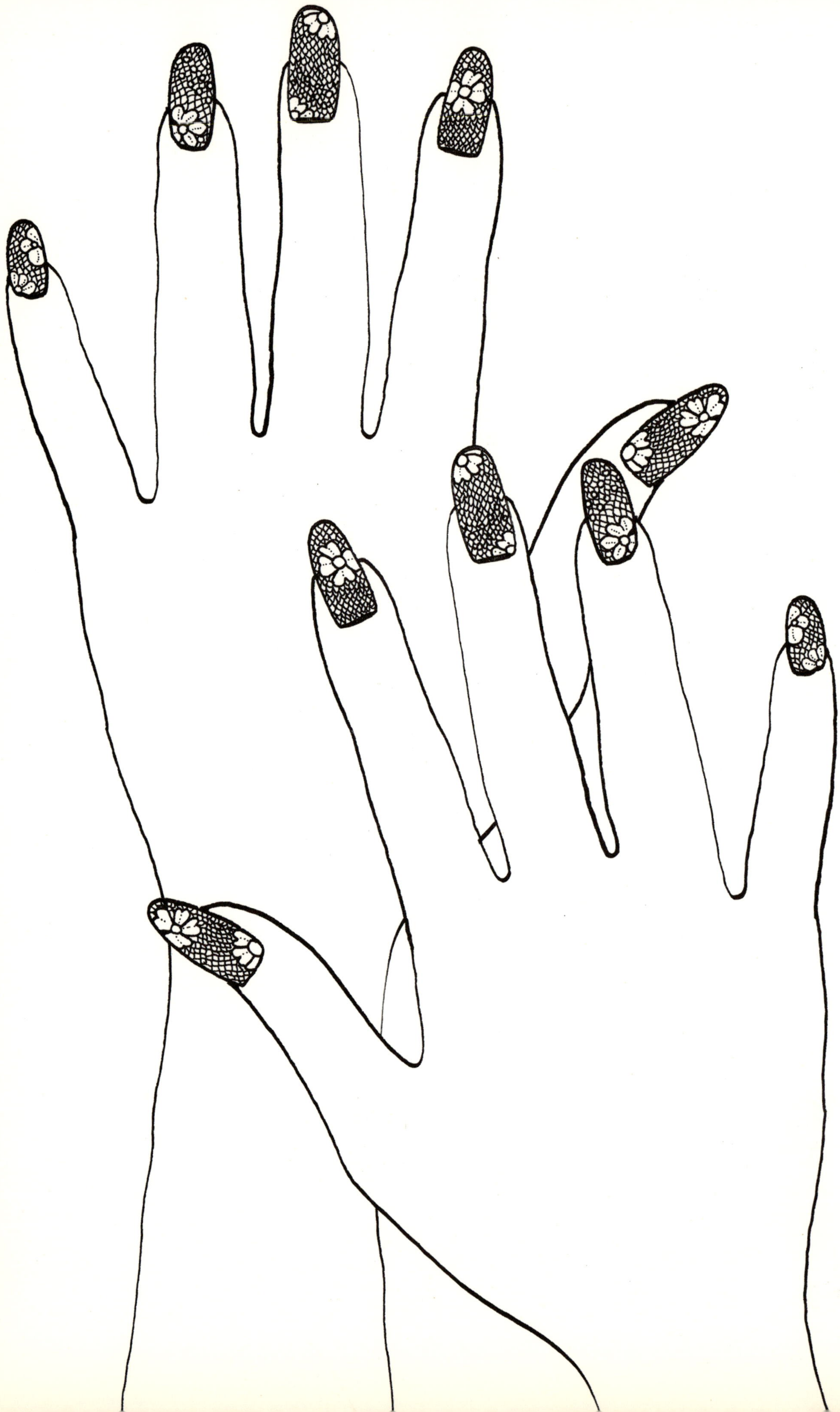

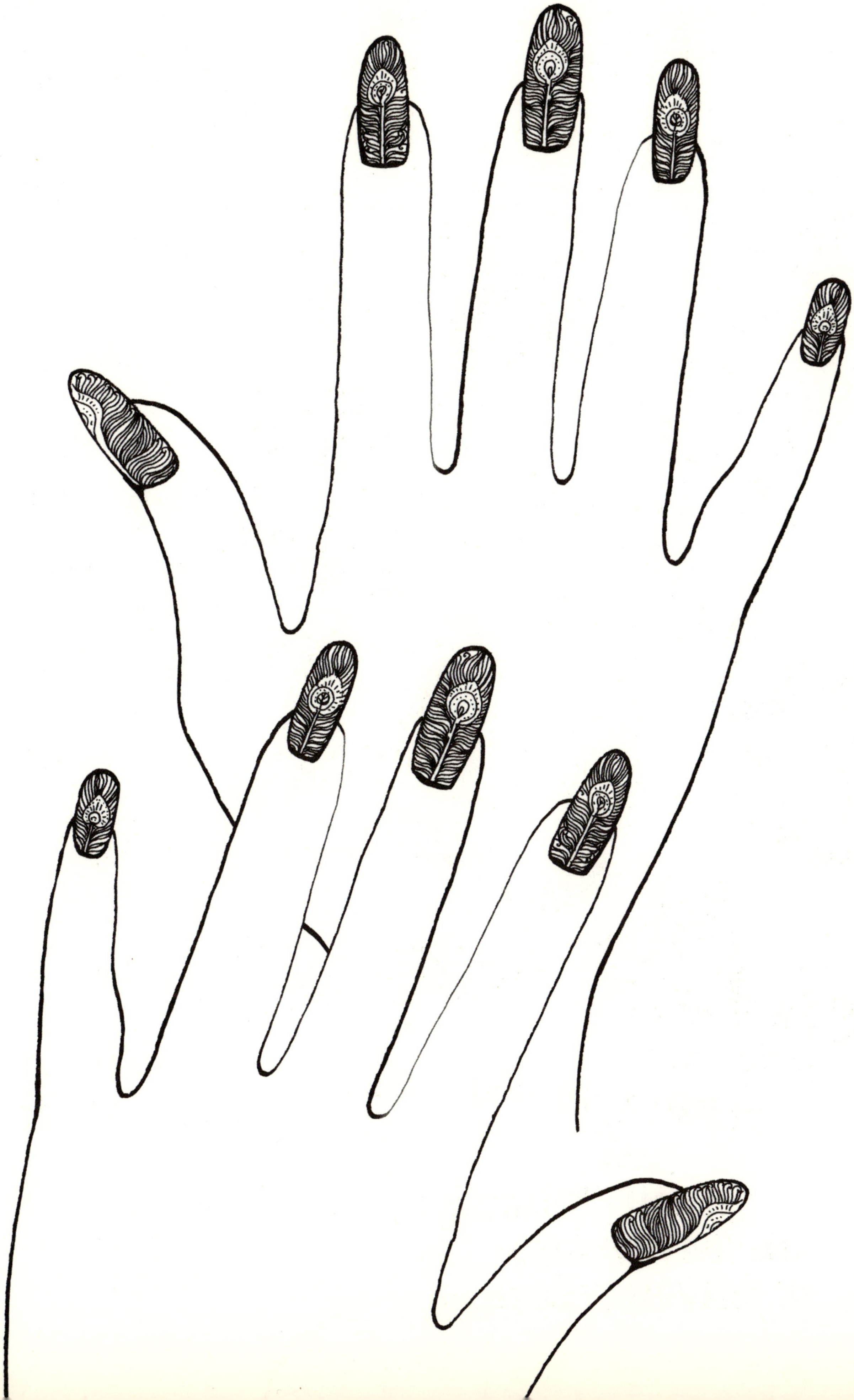

zeichne
EIN PAAR
BLUMEN, BLÄTTER
und
SCHMETTERLINGE
um DAS MUSTER
ZU VERVOLLSTÄNDIGEN

VIEL SPAß
BEIM AUSMALEN

MACH DIR EINE MASKE,
INDEM DU ZWEI LÖCHER IN EIN
LANGES STÜCK SPITZE SCHNEIDEST

DAMIT DU
HINDURCHSCHAUEN KANNST,
FASST DU DIE RÄNDER EIN
SODASS SIE NICHT AUSFRANSEN

AUS SPITZENBESATZ

KANNST DU SEHR HÜBSCHE ARMBÄNDER MACHEN

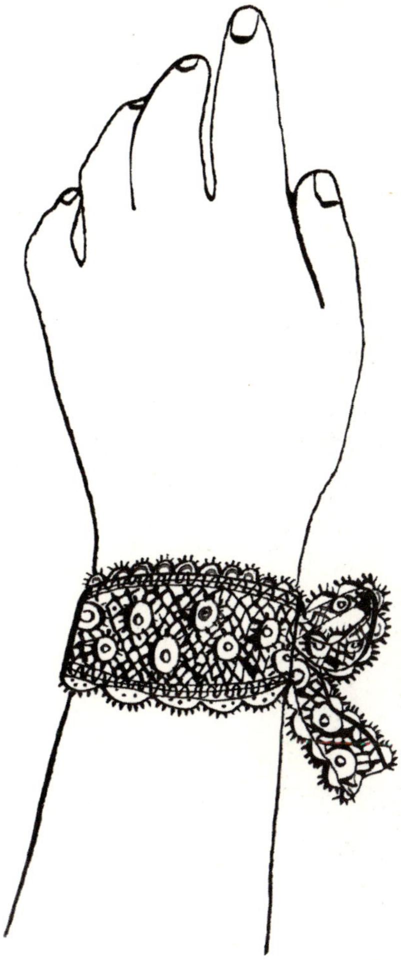

BINDE EIN STÜCK (ODER MEHRERE) UM DEIN HANDGELENK

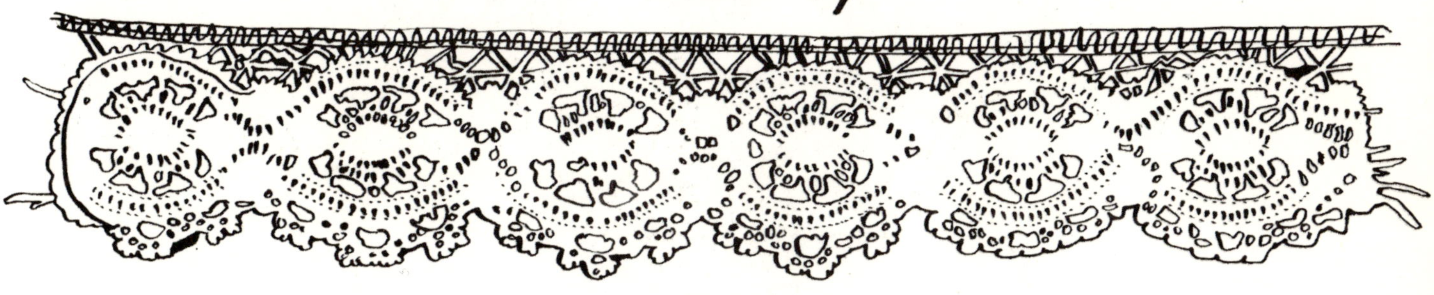

GANZ EINFACH !

BEFESTIGE EINEN
ANTIKEN SPITZENKRAGEN
MIT SICHERHEITSNADELN
AN DEINEM T-SHIRT

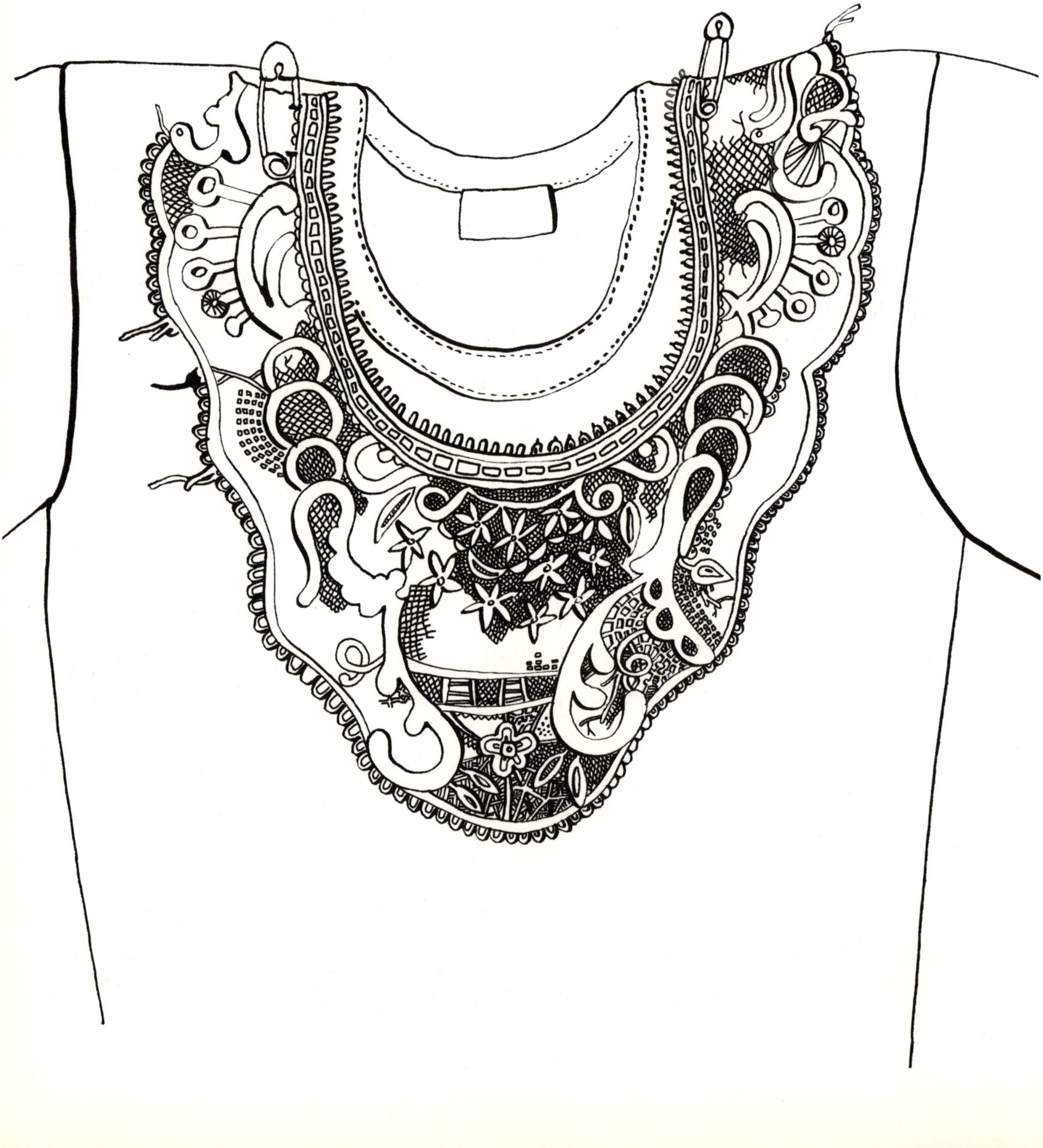

AUS EINEM SPITZENBESATZ
KANNST DU EIN STIRNBAND MACHEN

BINDE ES EINFACH
UM DEN KOPF
UND LOS GEHT'S

Kannst du daraus

HANDSCHUHE

MIT SPITZEN MACHEN ?

MACH DIR

SCHABLONEN AUS ALTEN SPITZENRESTEN

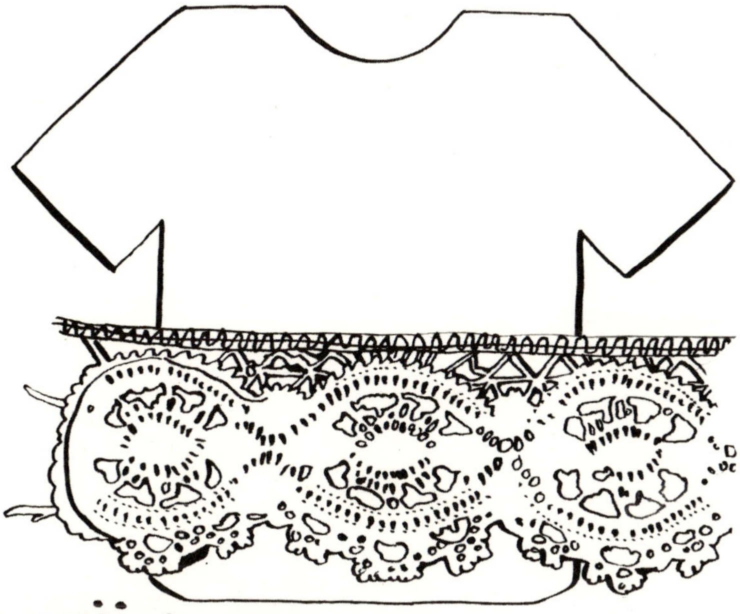

LEG DAS STÜCK AUF
DEN STOFF, DEN DU
DEKORIEREN WILLST

NIMM SPRAYFARBE, DIE FÜR
STOFFE GEEIGNET IST,
und...

SPRÜHE!

ZIEH DAS SPITZENSTÜCK AB UND
ENTHÜLLE DAS MUSTER DARUNTER

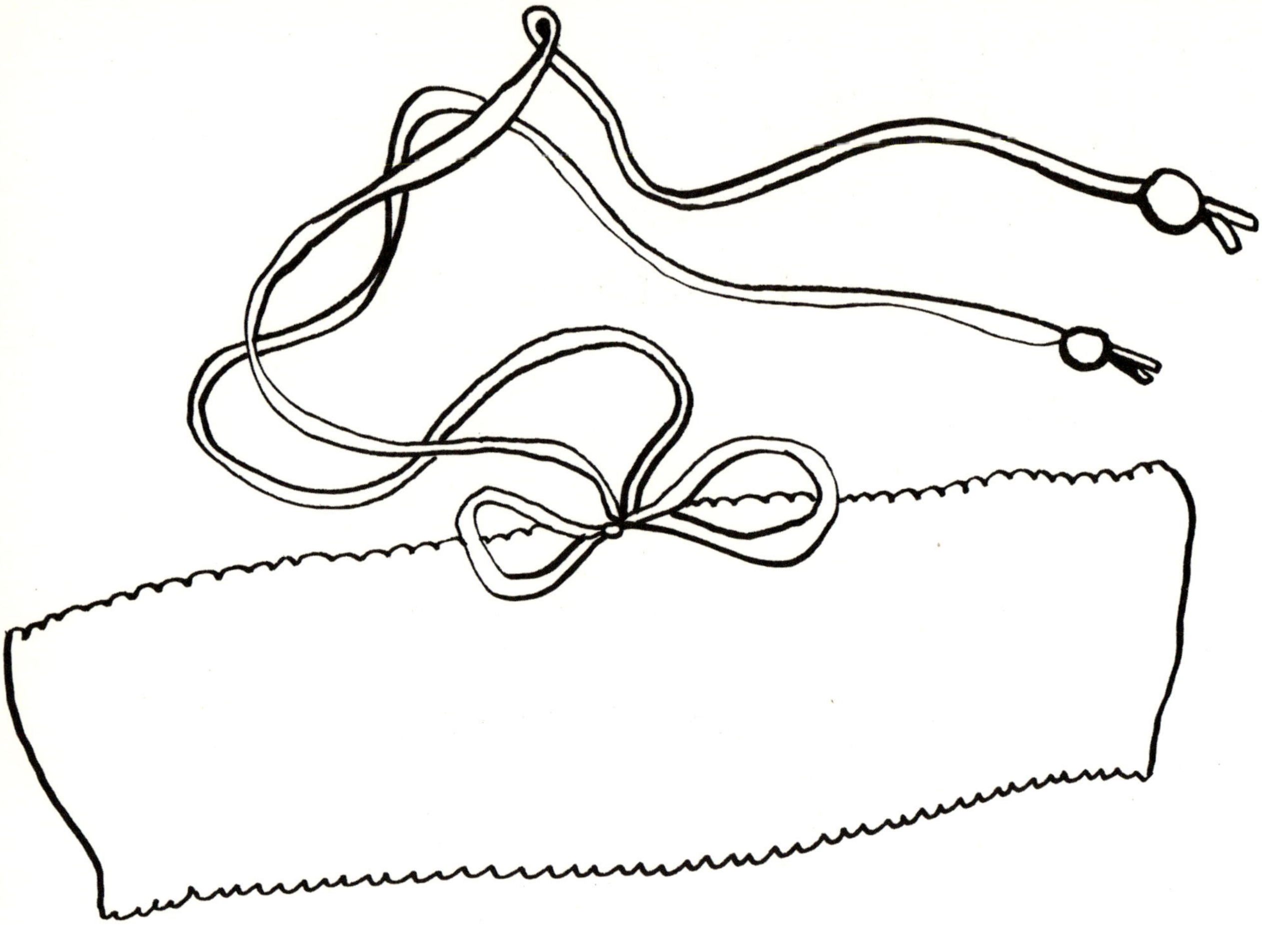

DENK DIR EIN SONNIGES MUSTER
FÜR DIESEN BIKINI AUS

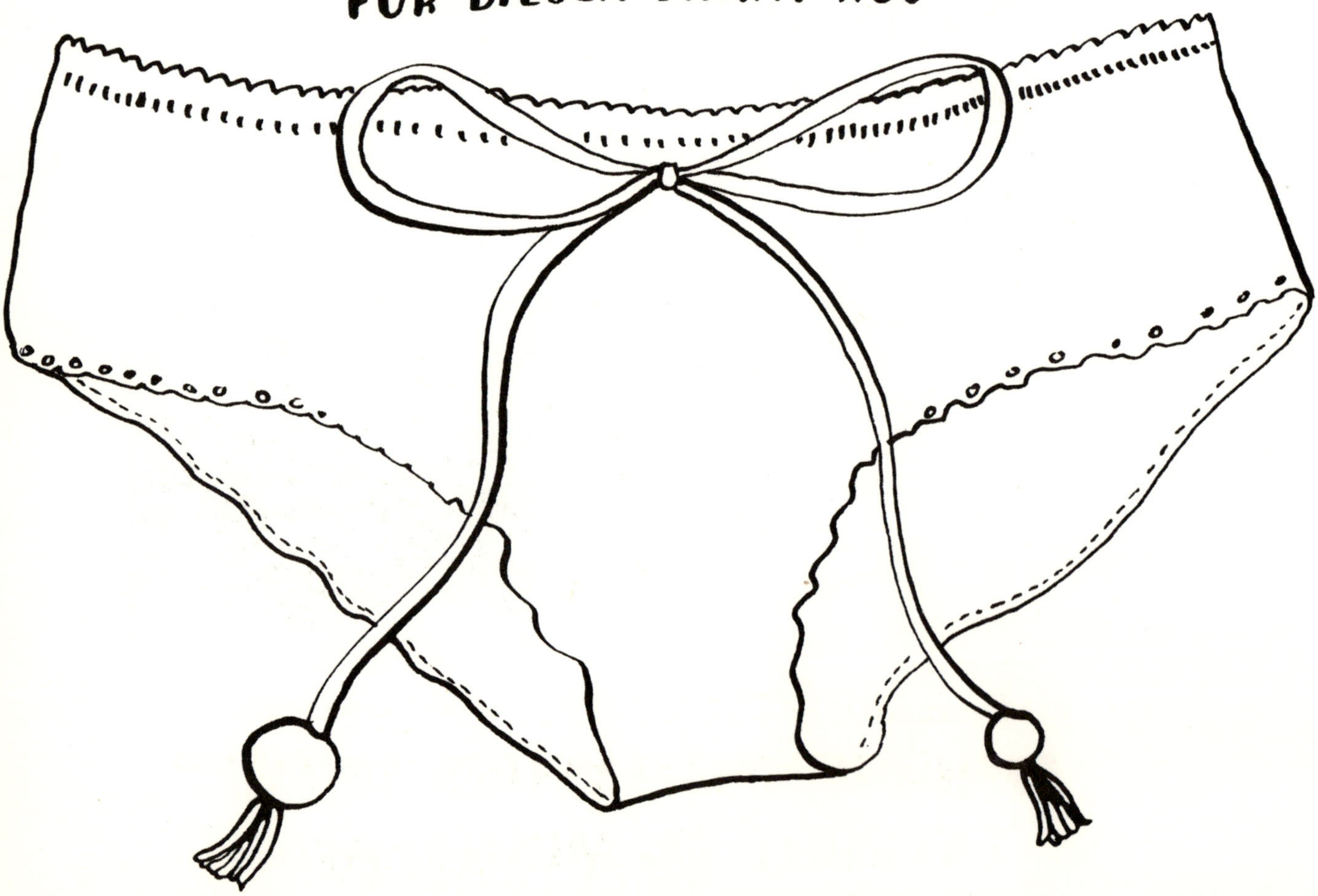

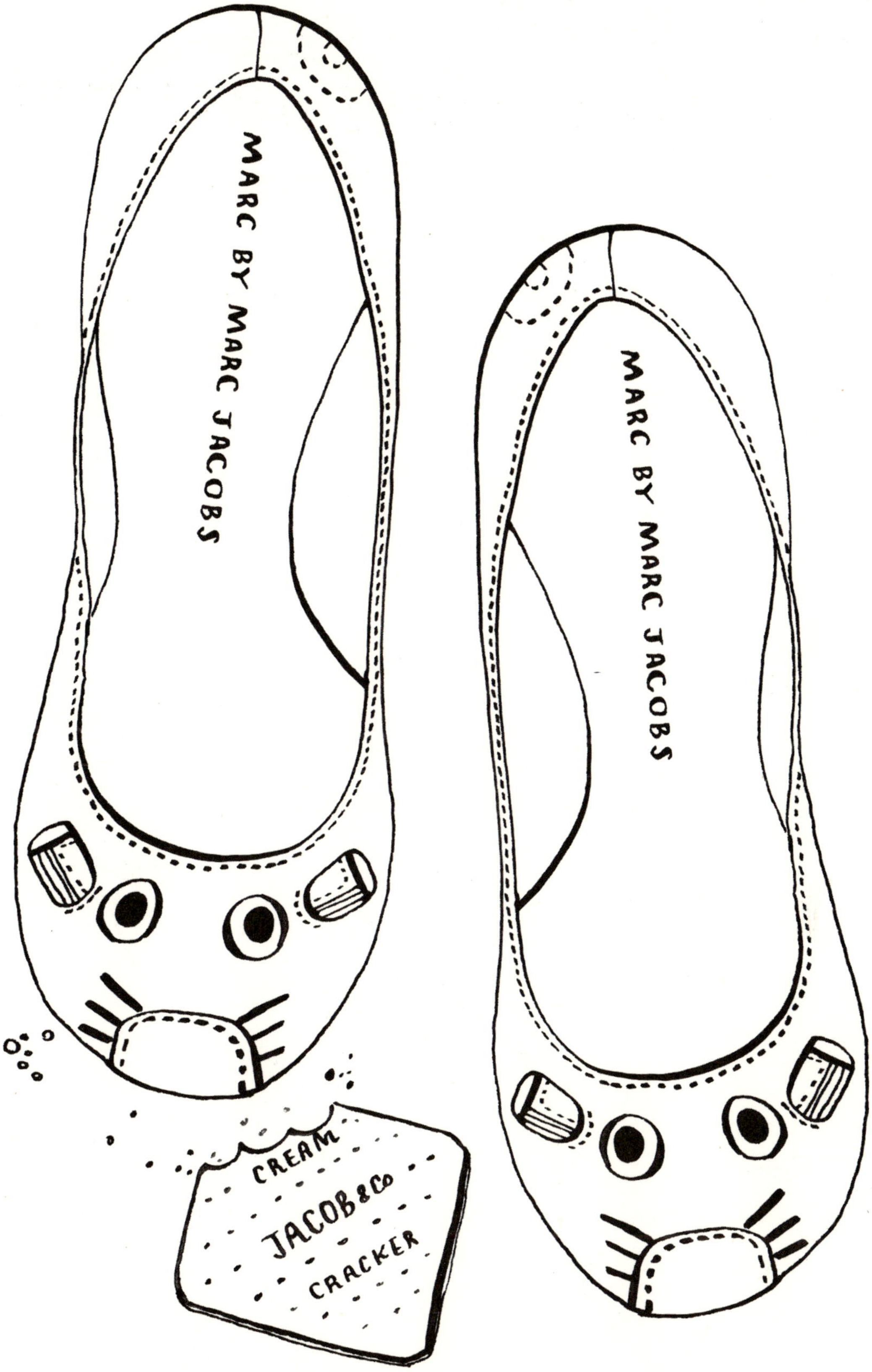

DIE HINREISSENDSTEN BALLERINAS
IM GANZEN BEKANNTEN UNIVERSUM
von
MARC JACOBS

ENTWIRF

DEINE EIGENE HANDTASCHE

Wie wär's, wenn du…

EIN PAAR DAZU PASSENDE SCHUHE
ZEICHNEN WÜRDEST?

MODE-ARCHIV

DER SOMBRERO WURDE MIT EINER BESONDERS BREITEN KREMPE ENTWORFEN, DIE VOR DER SENGENDEN MEXIKANISCHEN SONNE SCHÜTZT

DAS WORT SOMBRERO IST VOM MEXIKANISCHEN WORT

SOMBRA

ABGELEITET, DAS „SCHATTEN" BEDEUTET

ZEICHNE

EINEN HUT MIT FANTASTISCH BREITER KREMPE
FÜR DIESE HÜBSCHE SEÑORITA

STELL DIR VOR ...

EINEN MUSCHELSCHUH

(SPRICH DAS WORT MAL GANZ SCHNELL)

ZEICHNE NUN DEINEN EIGENEN MUSCHELSCHUH

DER KAFTAN IST DAS TRADITIONELLE
MAROKKANISCHE KLEID

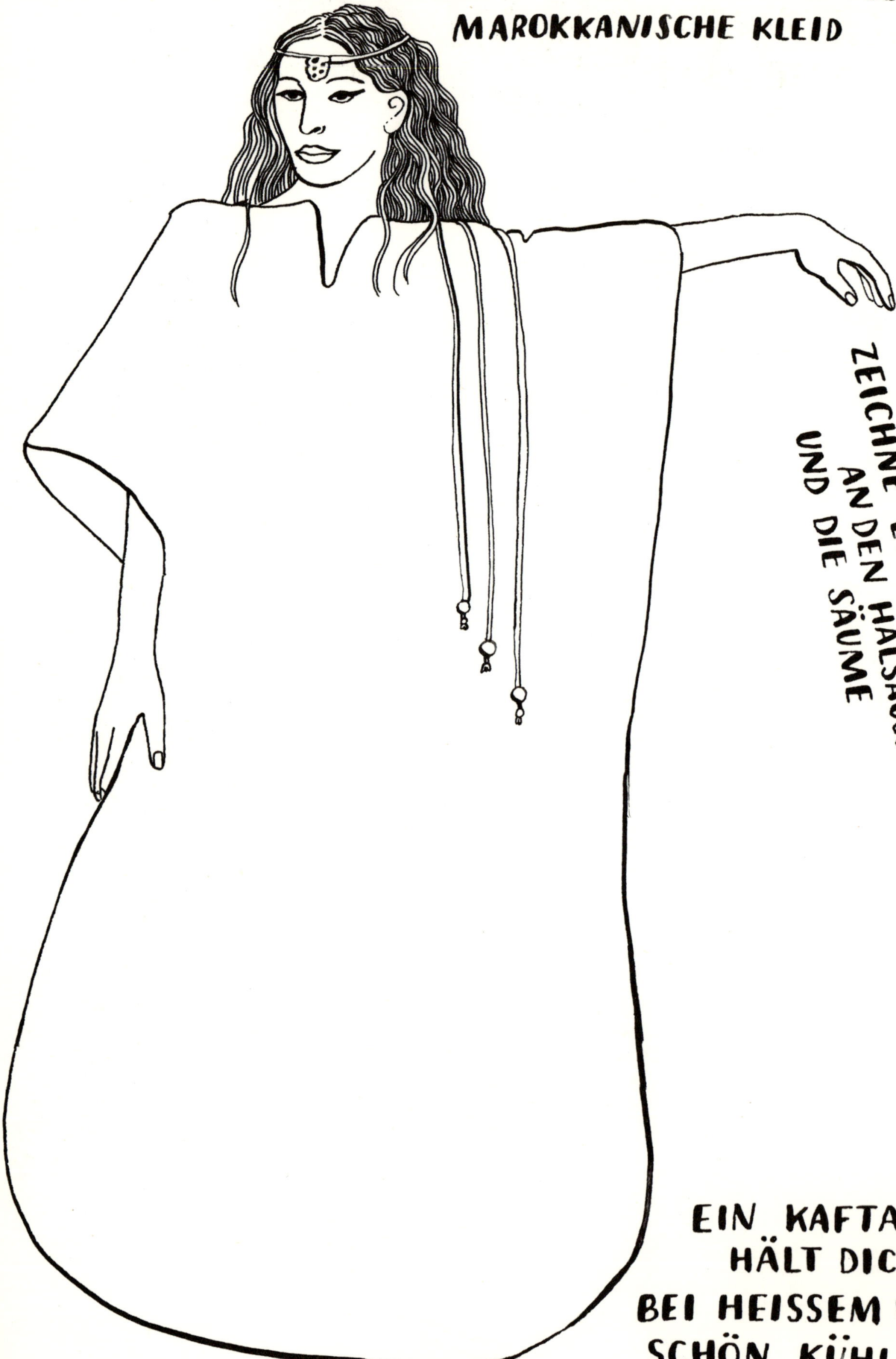

ZEICHNE EINE STICKEREI
AN DEN HALSAUSSCHNITT
UND DIE SÄUME

EIN KAFTAN
HÄLT DICH
BEI HEISSEM WETTER
SCHÖN KÜHL

BEISPIEL FÜR EINE MAROKKANISCHE STICKEREI

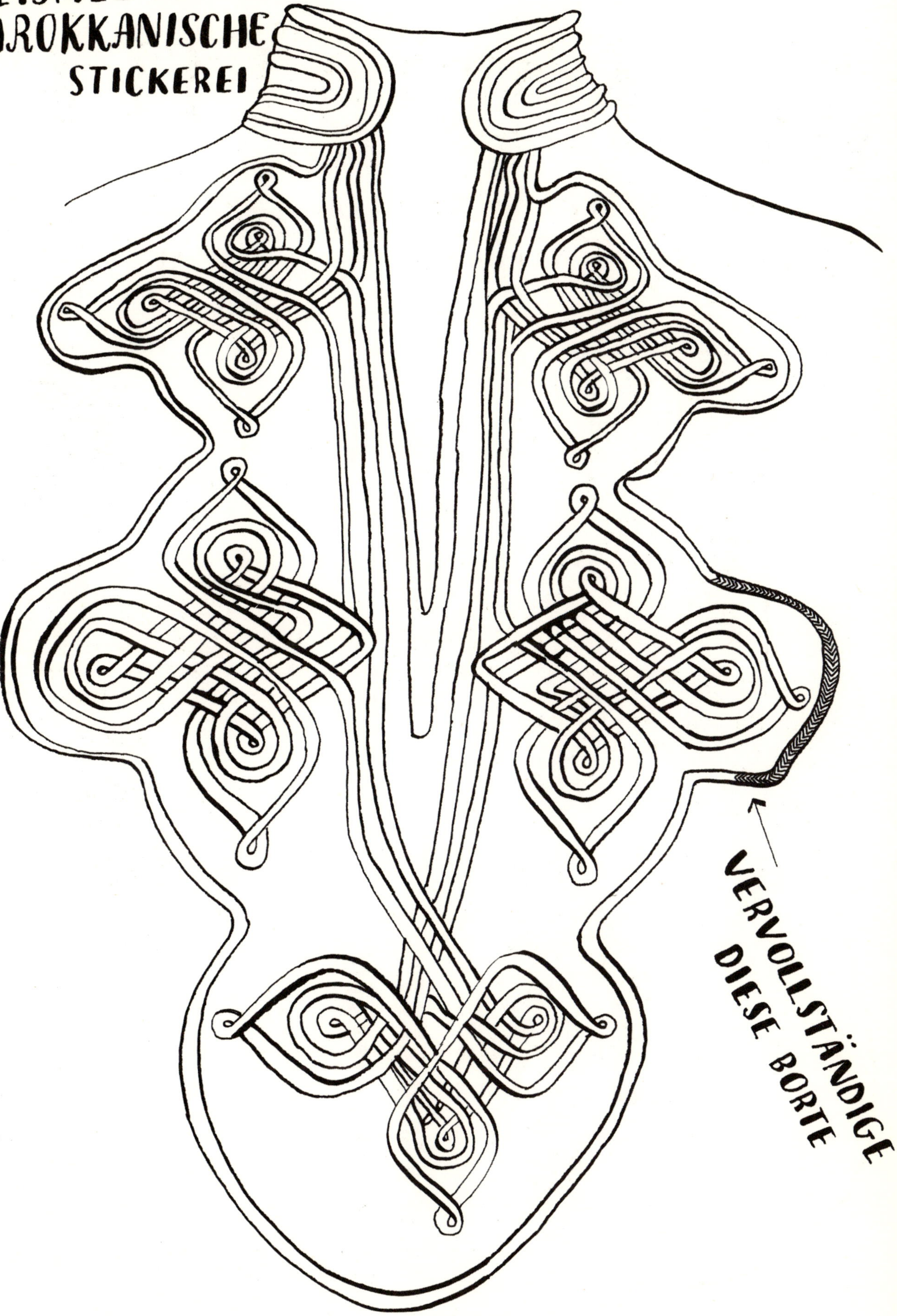

AUS HENNABLÄTTERN KANNST DU EINE PASTE MACHEN UND DAMIT DIE HAUT VERZIEREN

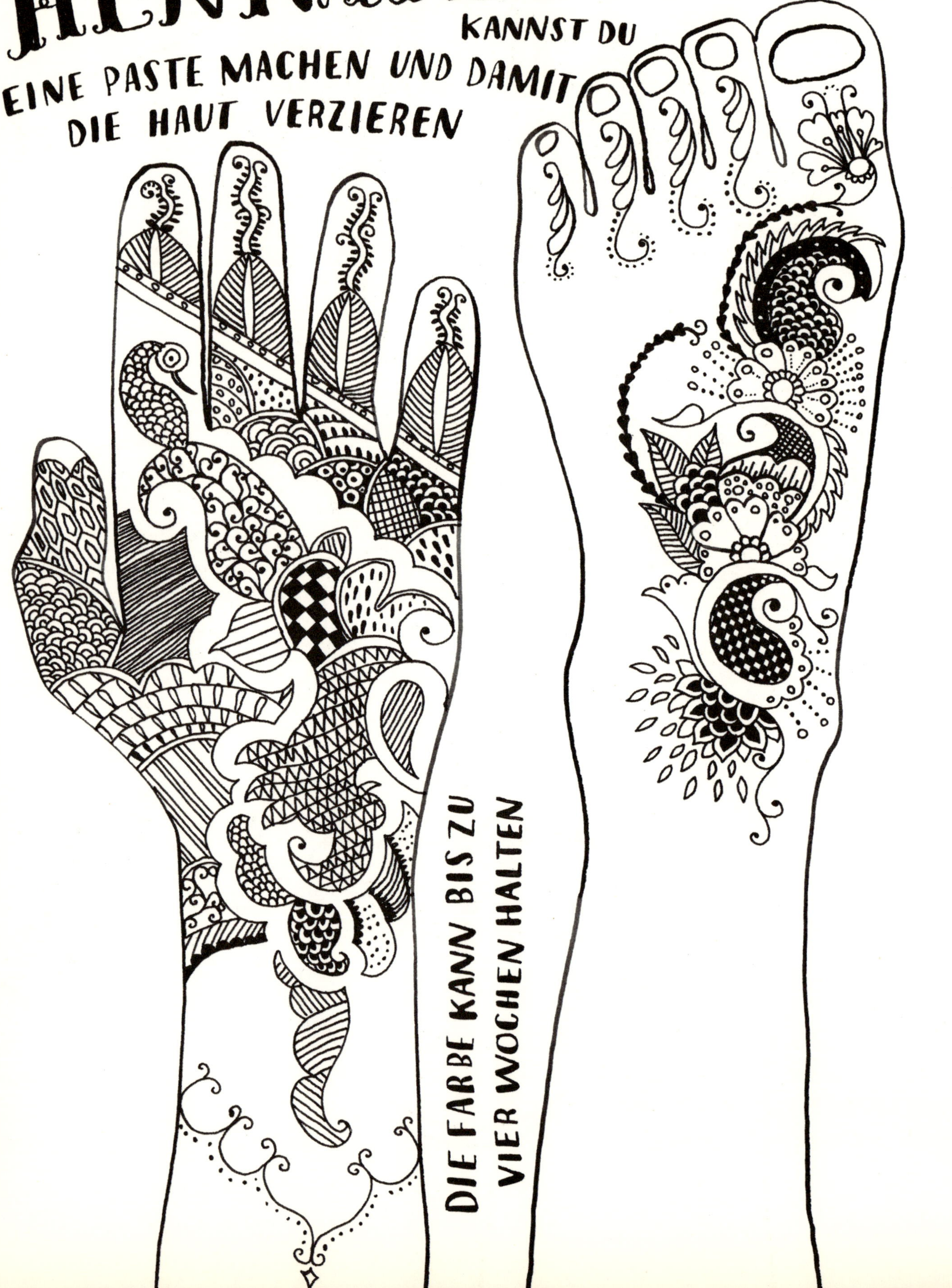

Henna wird traditionell in Südasien und Nordafrika benutzt

DENK DIR dein eigenes HENNAMUSTER AUS

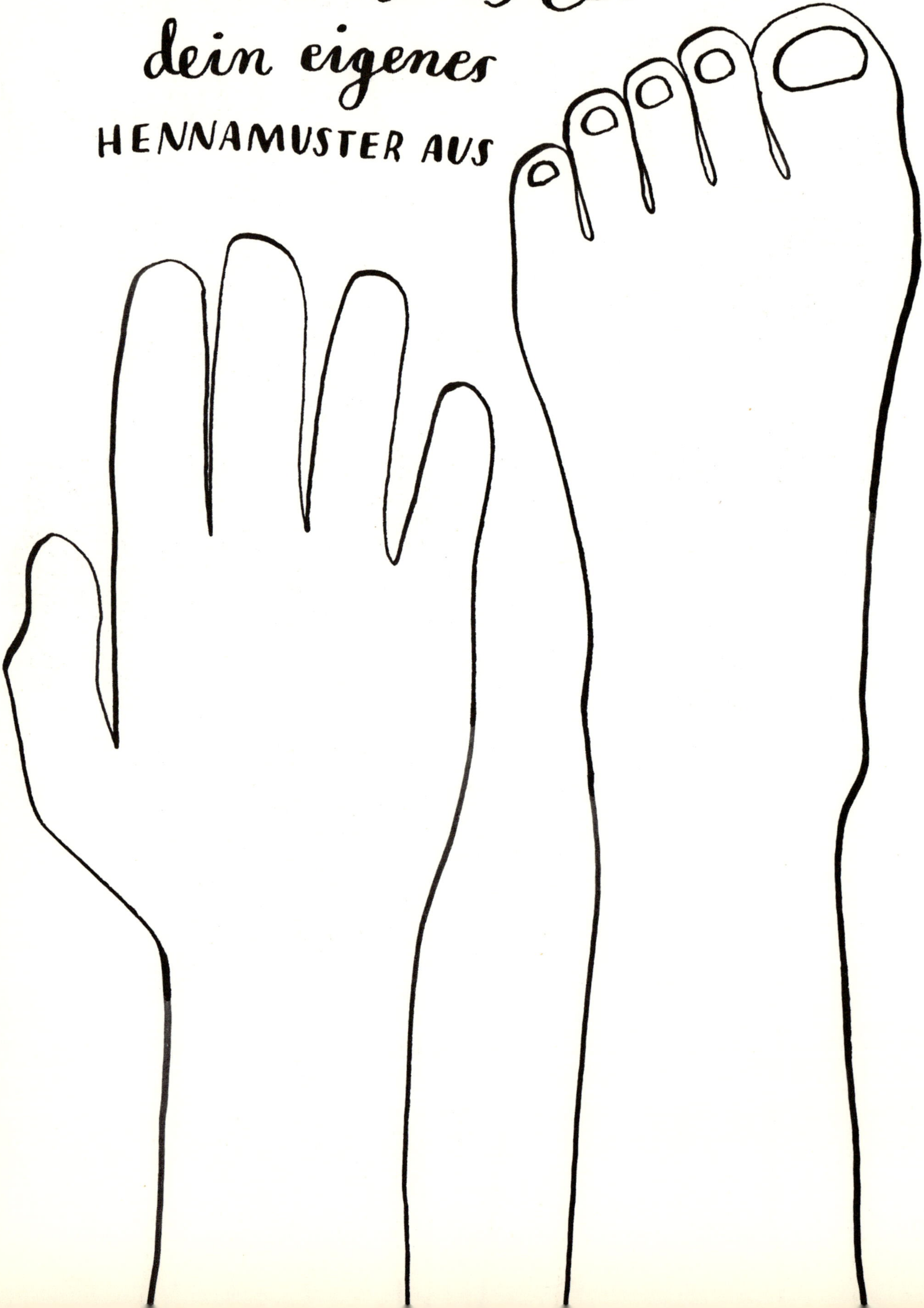

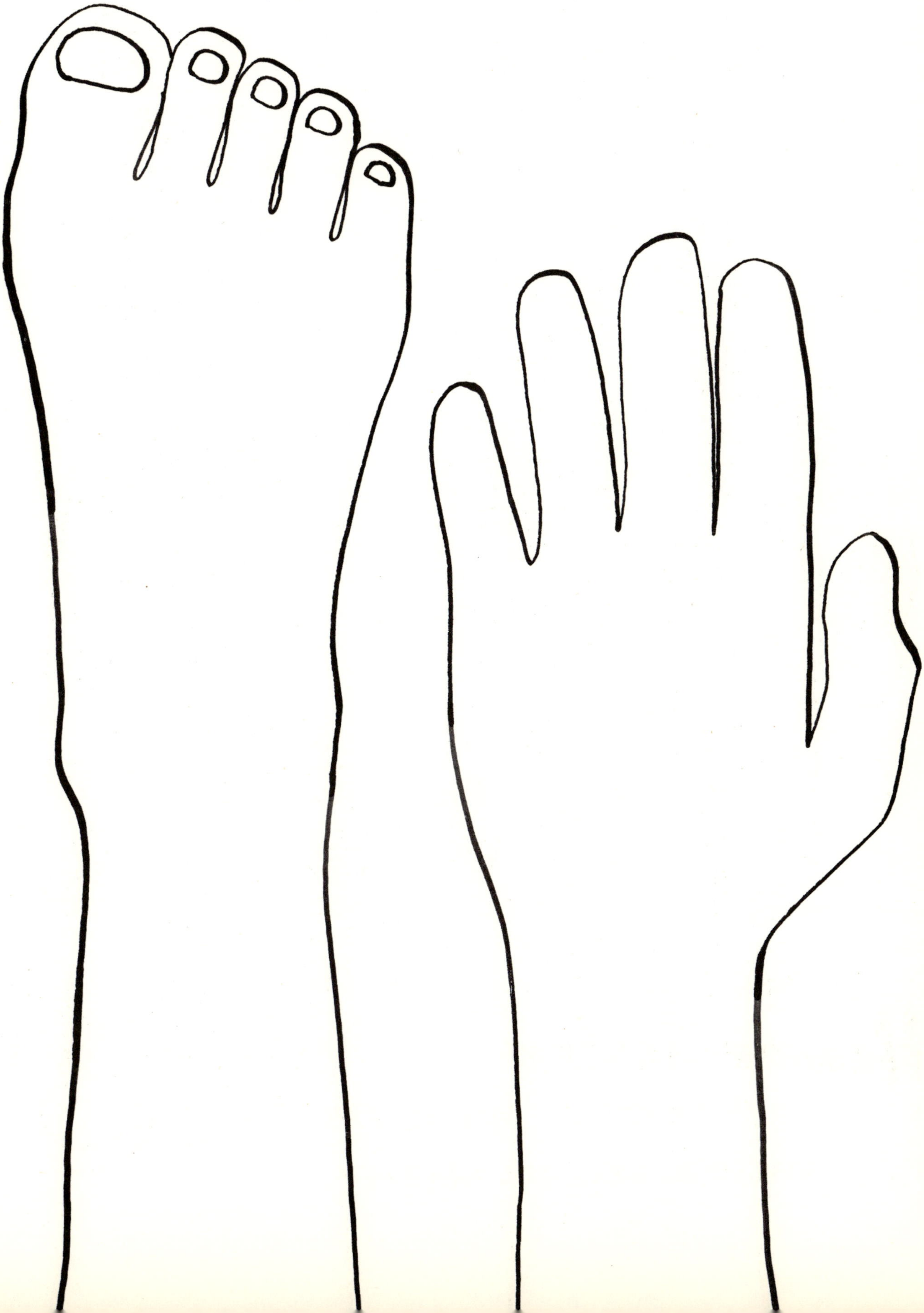

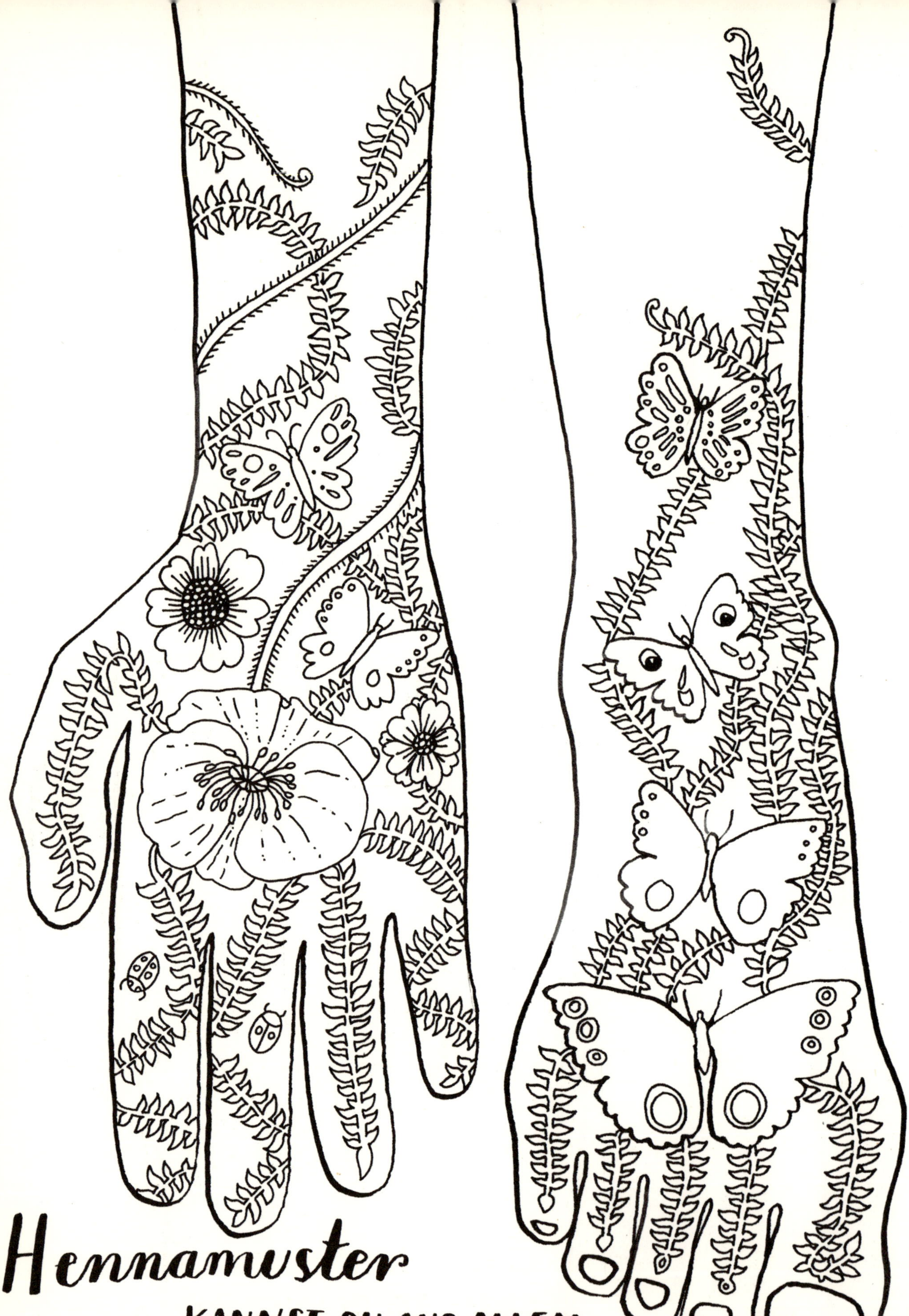

Hennamuster

KANNST DU AUS ALLEM MACHEN, WAS DIR GEFÄLLT

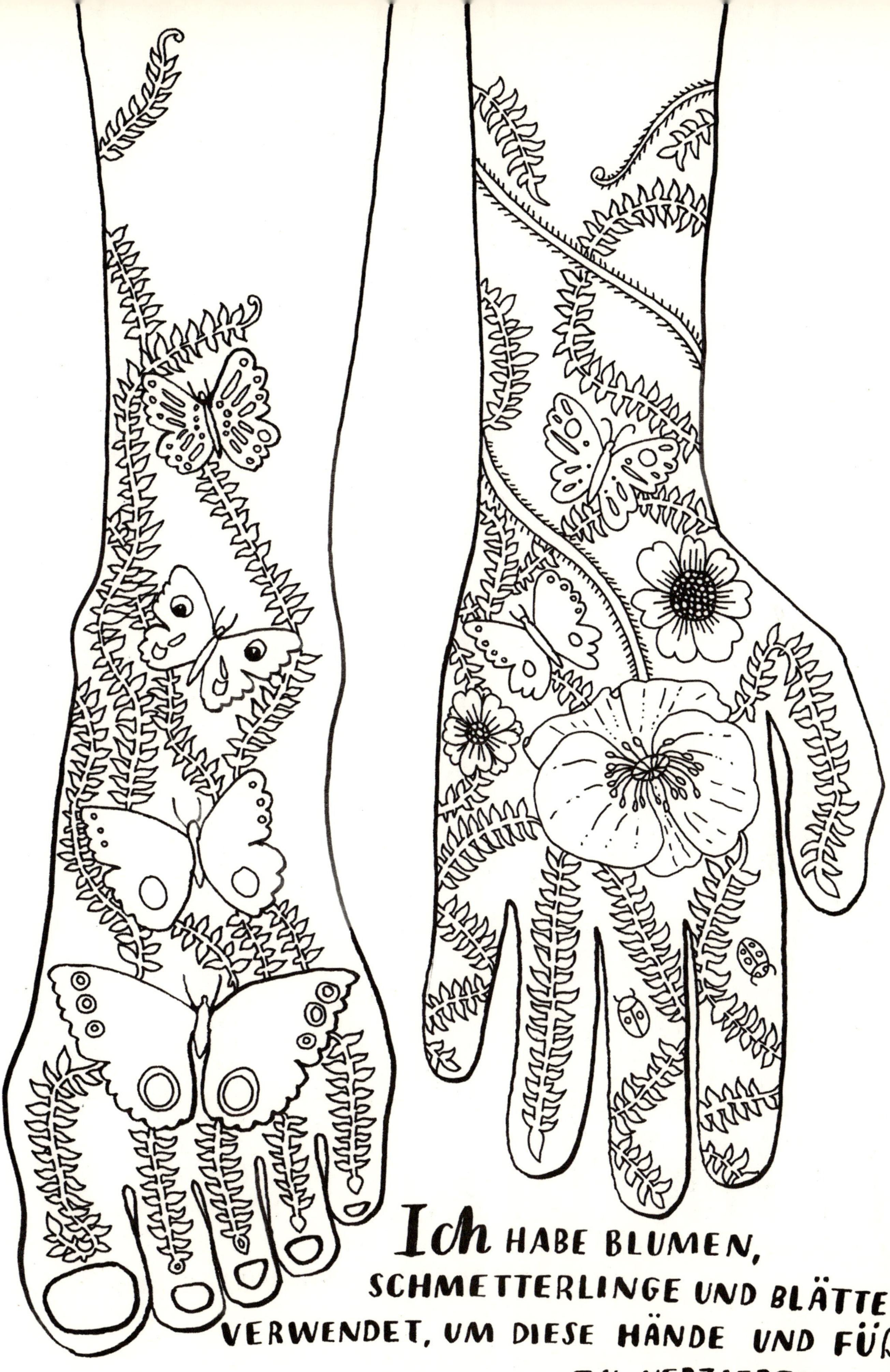

Ich HABE BLUMEN, SCHMETTERLINGE UND BLÄTTER VERWENDET, UM DIESE HÄNDE UND FÜẞE ZU VERZIEREN

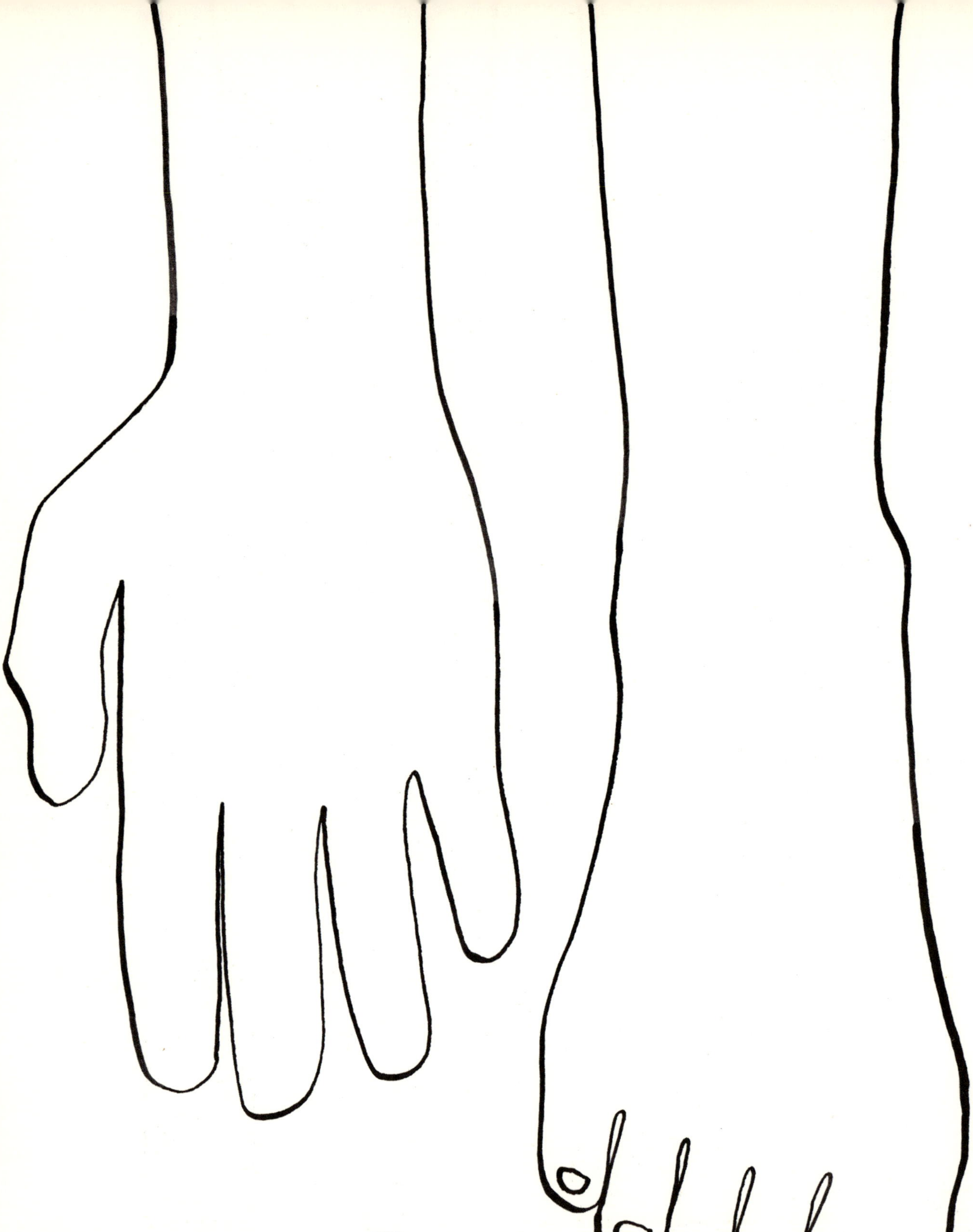

DENK DIR

NOCH EIN PAAR HENNAMUSTER AUS

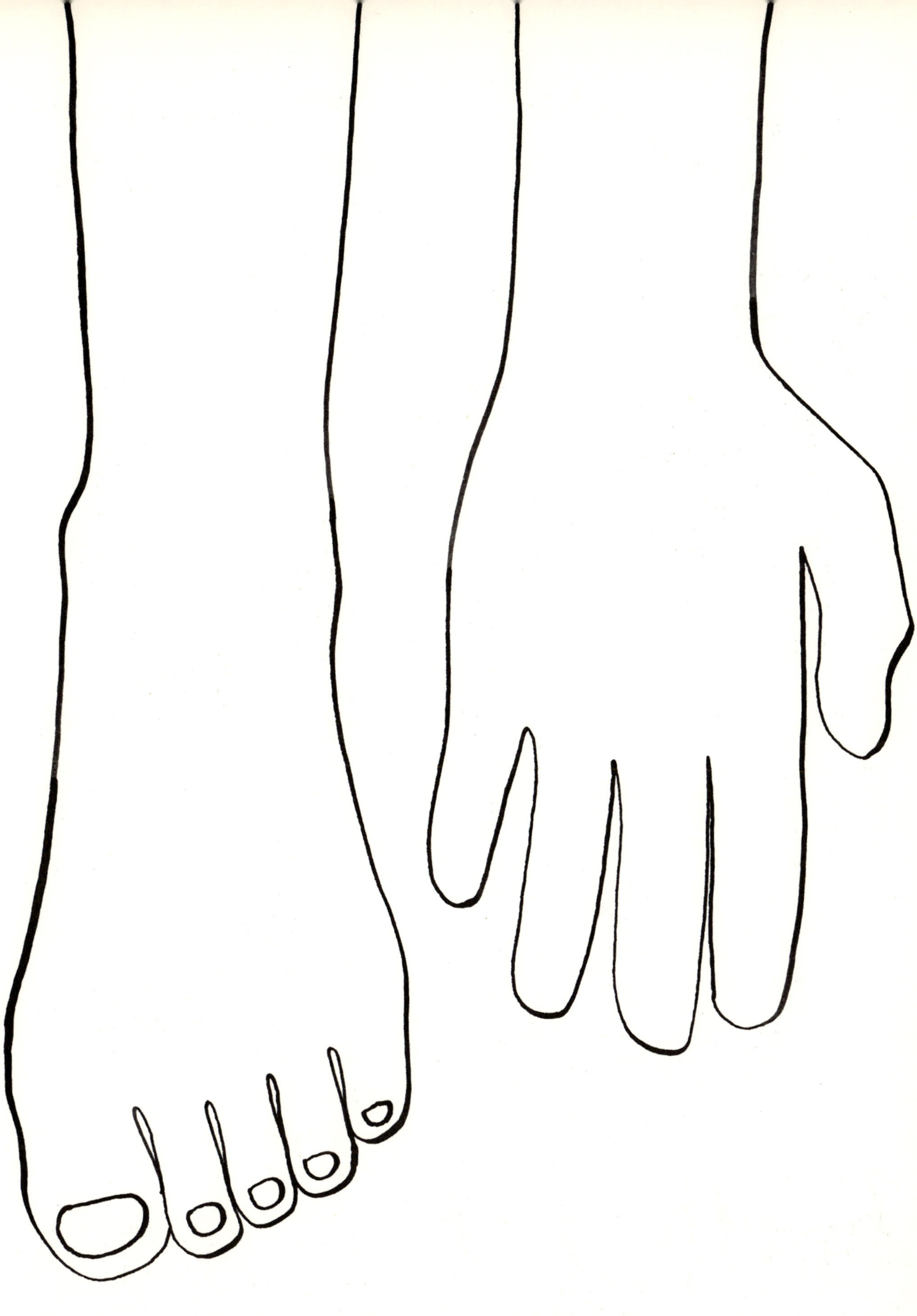

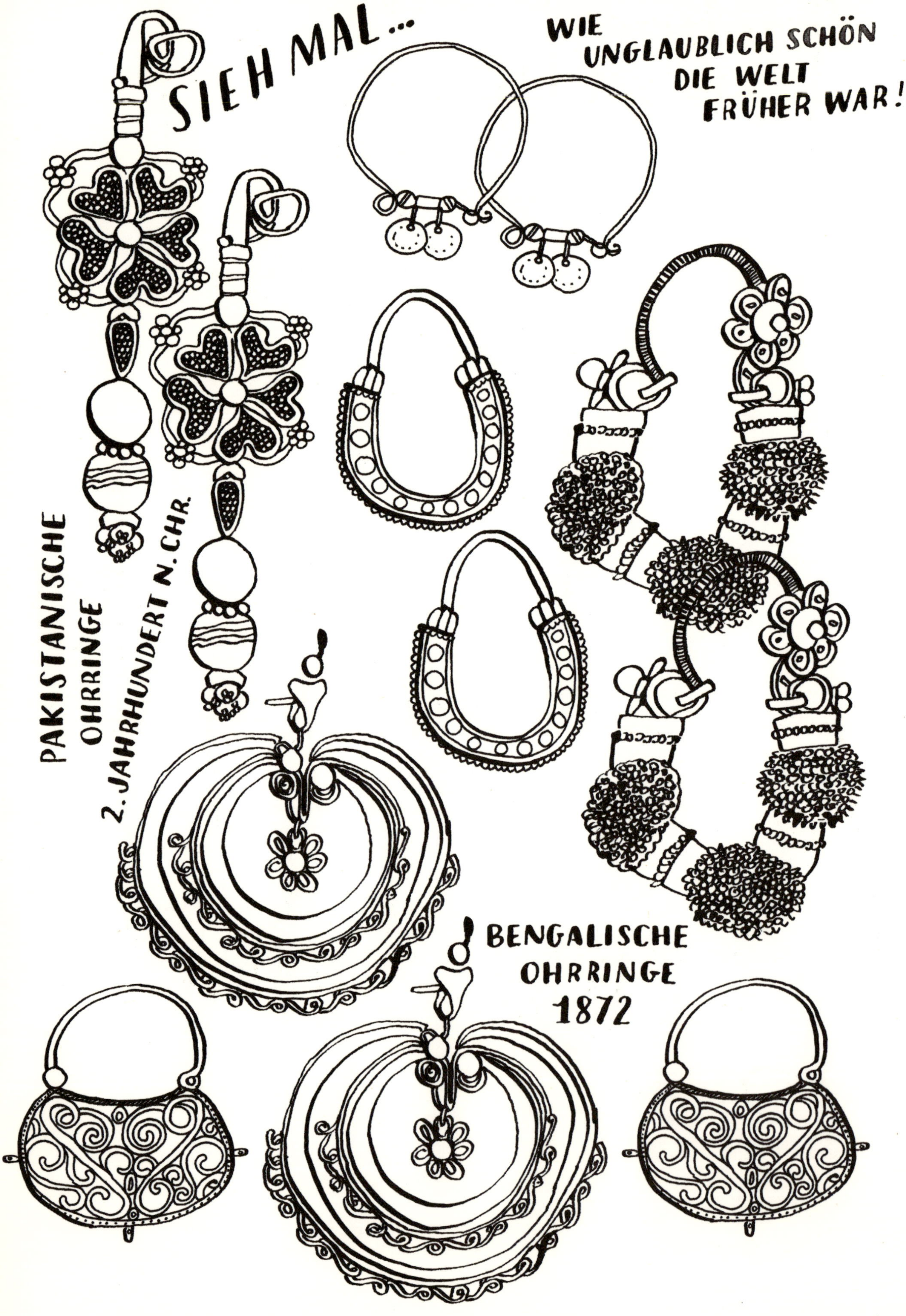
SIEH MAL...
WIE
UNGLAUBLICH SCHÖN
DIE WELT
FRÜHER WAR!
PAKISTANISCHE
OHRRINGE
2. JAHRHUNDERT N. CHR.
BENGALISCHE
OHRRINGE
1872

Zeichne

EIN PAAR SCHÖNE
OHRRINGE,
DIE DU SELBST
TRAGEN MÖCHTEST

RINGE

FÜR DEINE FINGER

und

VIELLEICHT AUCH FÜR DEINE ZEHEN

ZEICHNE

DIE UMRISSE DEINER HÄNDE
UND FÜSSE
WÄHLE DANN RINGE VON
DER VORIGEN SEITE AUS
ODER
ZEICHNE SELBST WELCHE

SO MACHST DU

EIN ARMBAND AUS SICHERHEITSNADELN

DU BRAUCHST:

SICHERHEITSNADELN

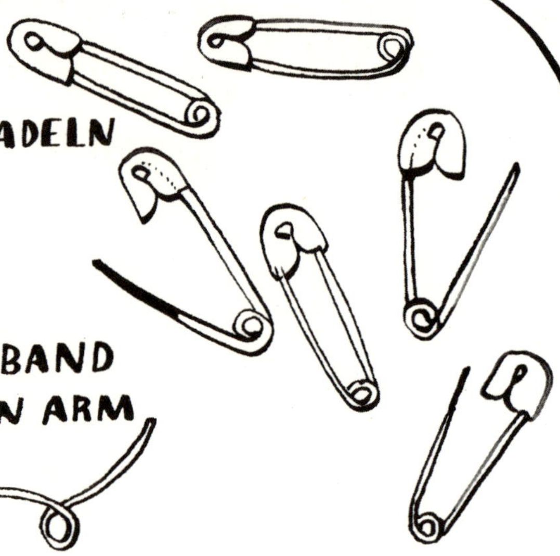

PERLEN

EIN STÜCK GUMMIBAND
SO LANG WIE DEIN ARM

UND DÜNN WIE
EIN ZAHNSTOCHER

GESCHICKTE FINGER

①

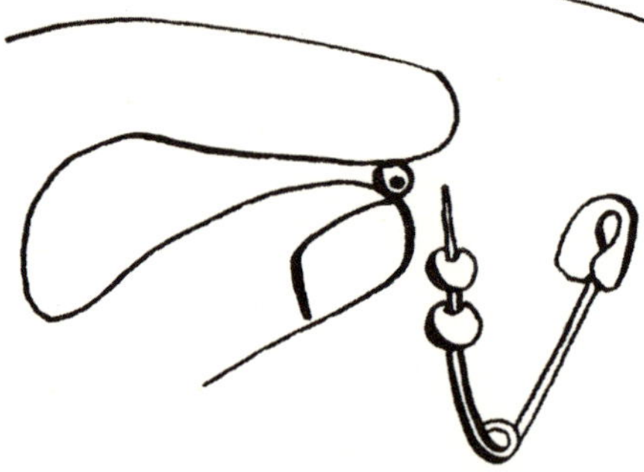

STECK DIE PERLEN AUF
SICHERHEITSNADELN

②

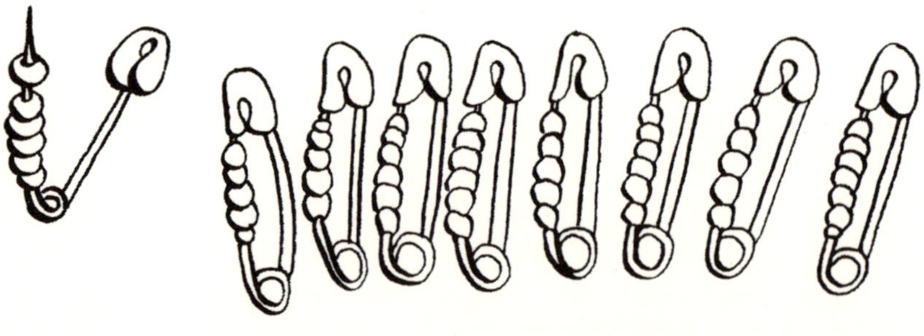

MACH WEITER, BIS DU EINE
MENGE NADELN HAST

③

SCHNEIDE DAS GUMMIBAND
IN ZWEI GLEICHE STÜCKE

④

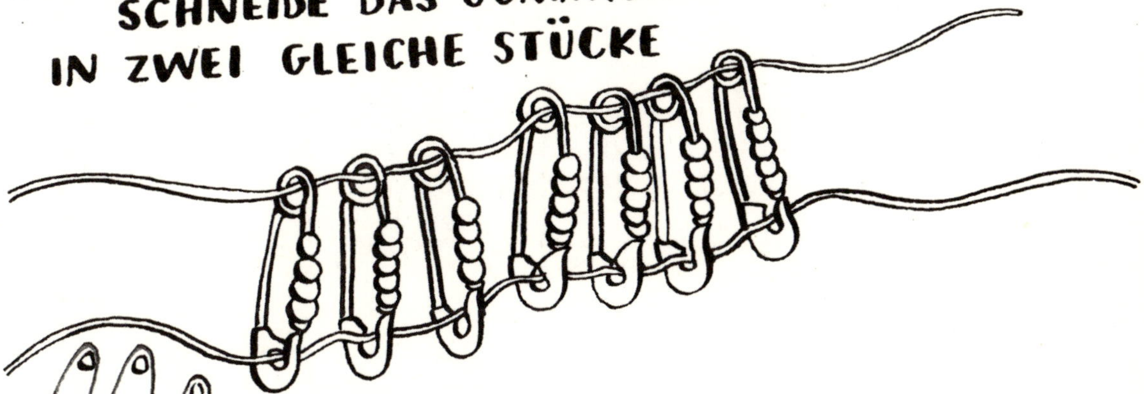

ZIEH EIN STÜCK GUMMIBAND
OBEN UND UNTEN DURCH
DIE SICHERHEITSNADELN

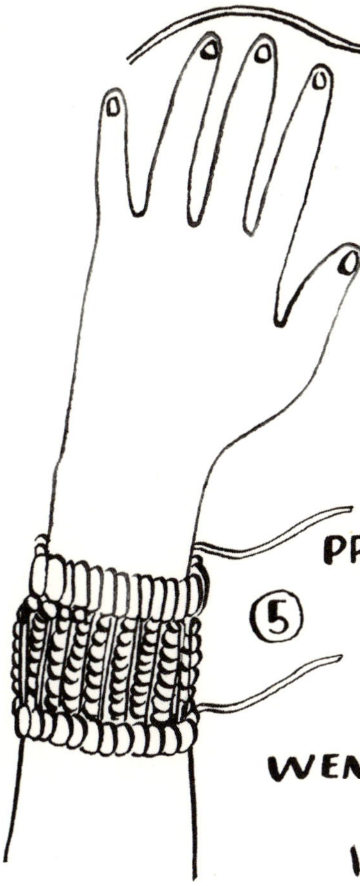

⑤

PROBIERE AM HANDGELENK
EINIGE MALE AUS, OB DU
MEHR NADELN BRAUCHST

WENN DAS ARMBAND GENÜGEND
SICHERHEITSNADELN HAT…

⑥

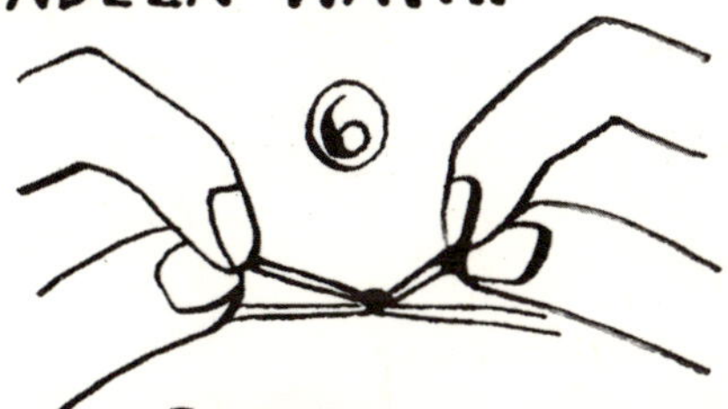

… BINDEST DU DIE
ENDEN DES
GUMMIBANDES ZU EINEM
FESTEN KNOTEN
ZUSAMMEN

⑦

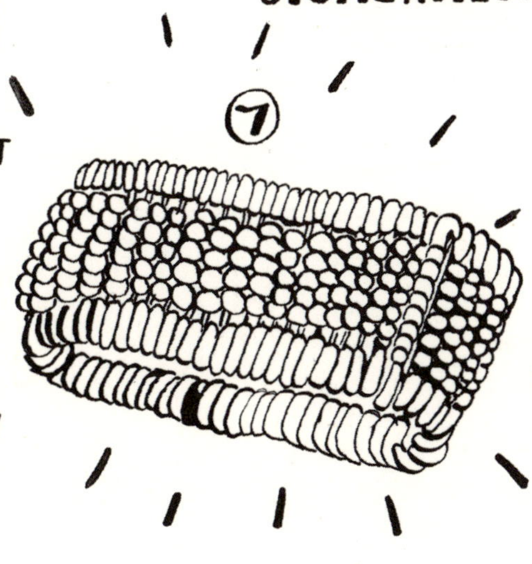

JETZT DARFST
DU DEINE
RAFFINIERTE
HANDARBEIT
BEWUNDERN

SUCHE
DEN PASSENDEN
ZWEITEN HANDSCHUH

MALE
JEDES PAAR MIT EINER
ANDEREN FARBE AN

DIESE SCHUHDESIGNS VERDANKEN WIR DER PHÄNOMENALEN FANTASIE VON

Vivienne Westwood

STIEFEL

FÜLLE DIESE SEITEN...

... MIT ATEMBERAUBENDEN,
SELBST ENTWORFENEN
SCHUHEN

MEHR
Vivienne Westwood
SCHUHE
und
SANDALEN

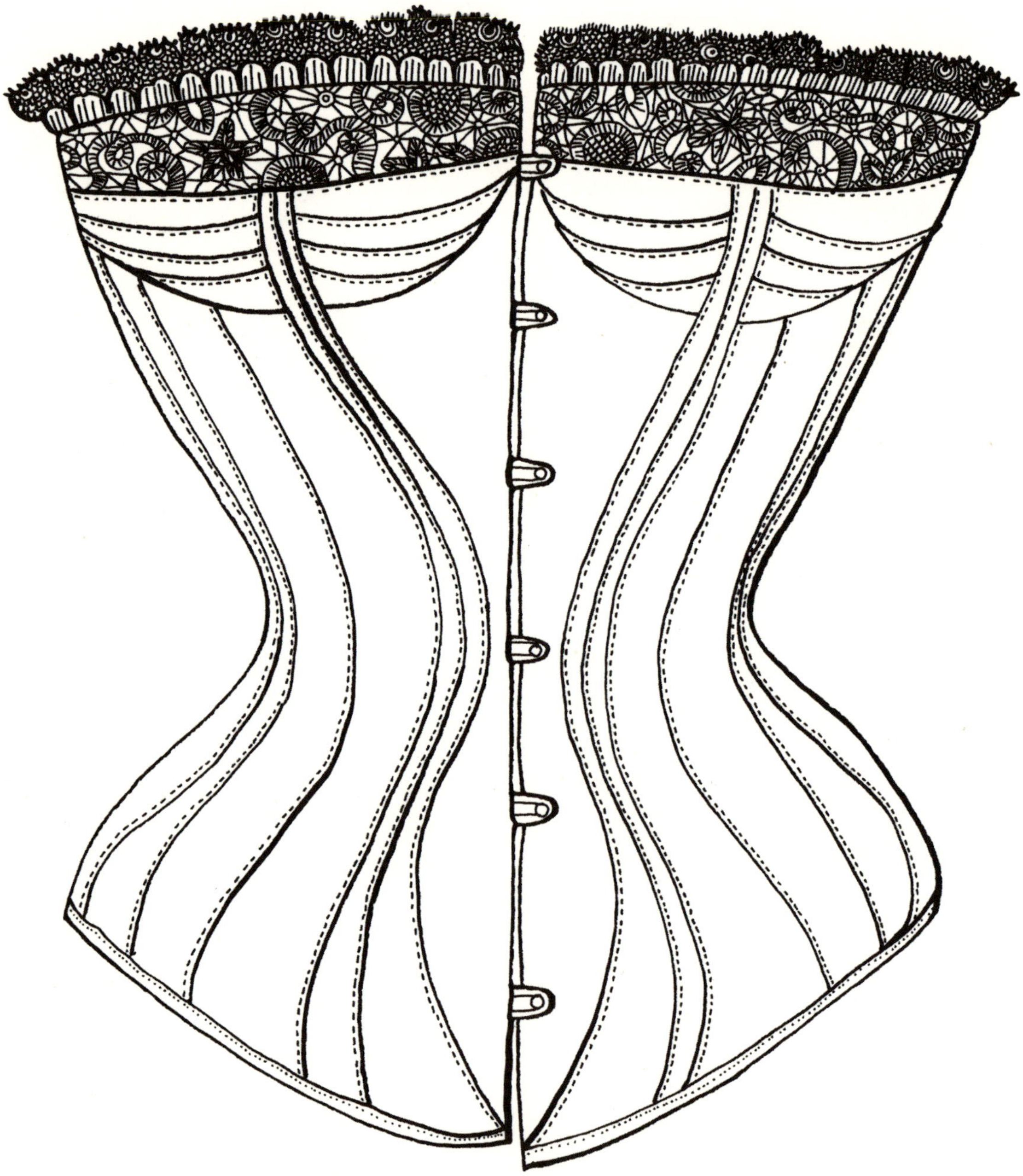

KORSETT

1884

SATIN, STAHL und KNOCHEN

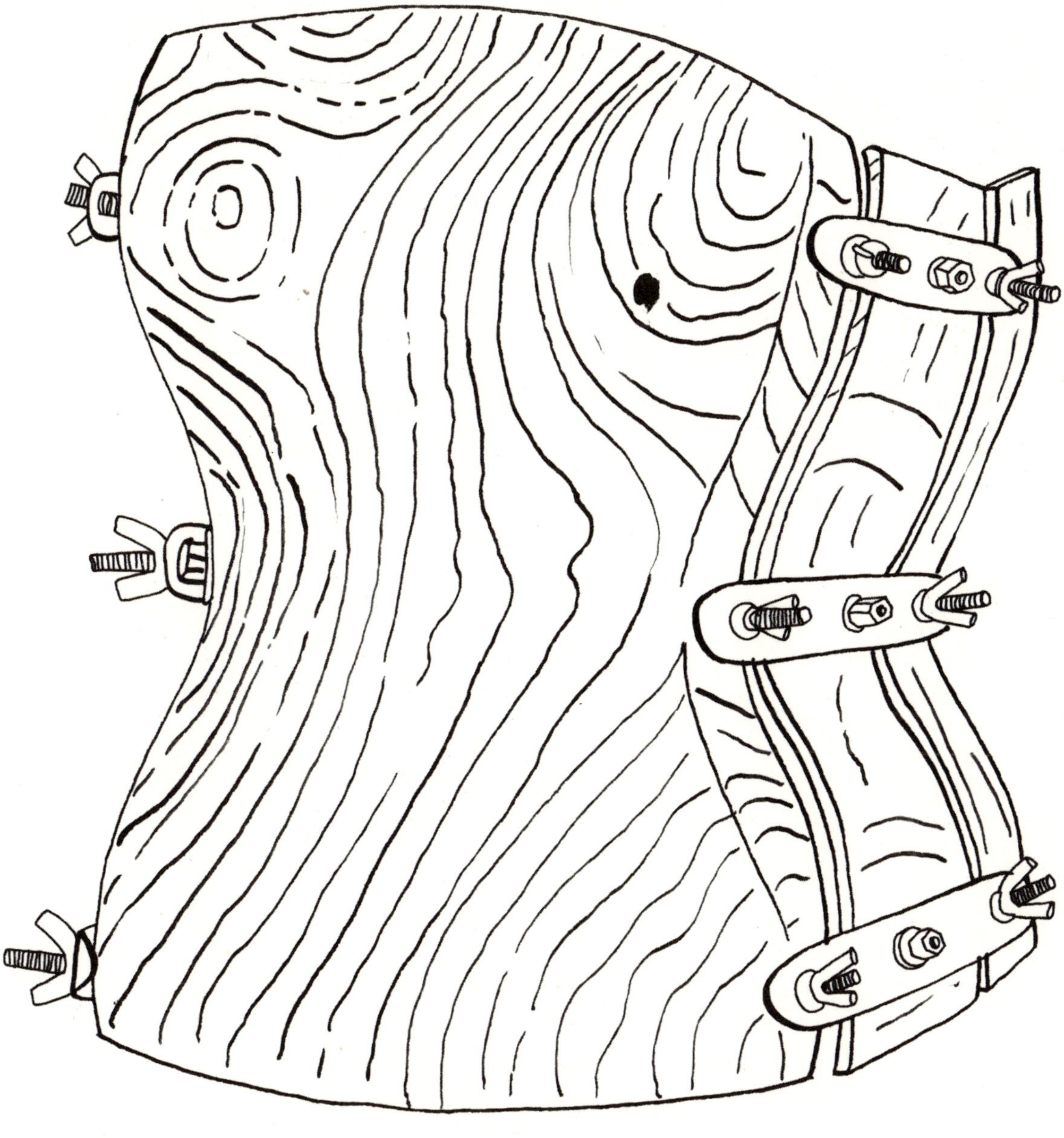

HUSSEIN CHALAYAN

KORSETT 1995

HOLZ und METALL

DIESE MUSTER STAMMEN von DEN YORUBA IN NIGERIA
SIE VERWENDEN SIE FÜR STOFFE UND NENNEN SIE ADIRE
ADIRE HEIẞT IM NIGERIA-NISCHEN EINE BATIK-FÄRBETECHNIK
FÜLL DIE LEEREN QUADRATE mit ADIRE-MUSTERN WIE DIE YORUBA

SCHMÜCKE

DIESE JACKE MIT VERZIERUNGEN VON DER NÄCHSTEN SEITE →

Knöpfe
Aufnäher
Pailletten
Sicherheitsnadeln

Zeichne
... NOCH EIN PAAR
PERLENSCHNÜRE
FÜR DIESE DAME

MACH DIR … eine Kette

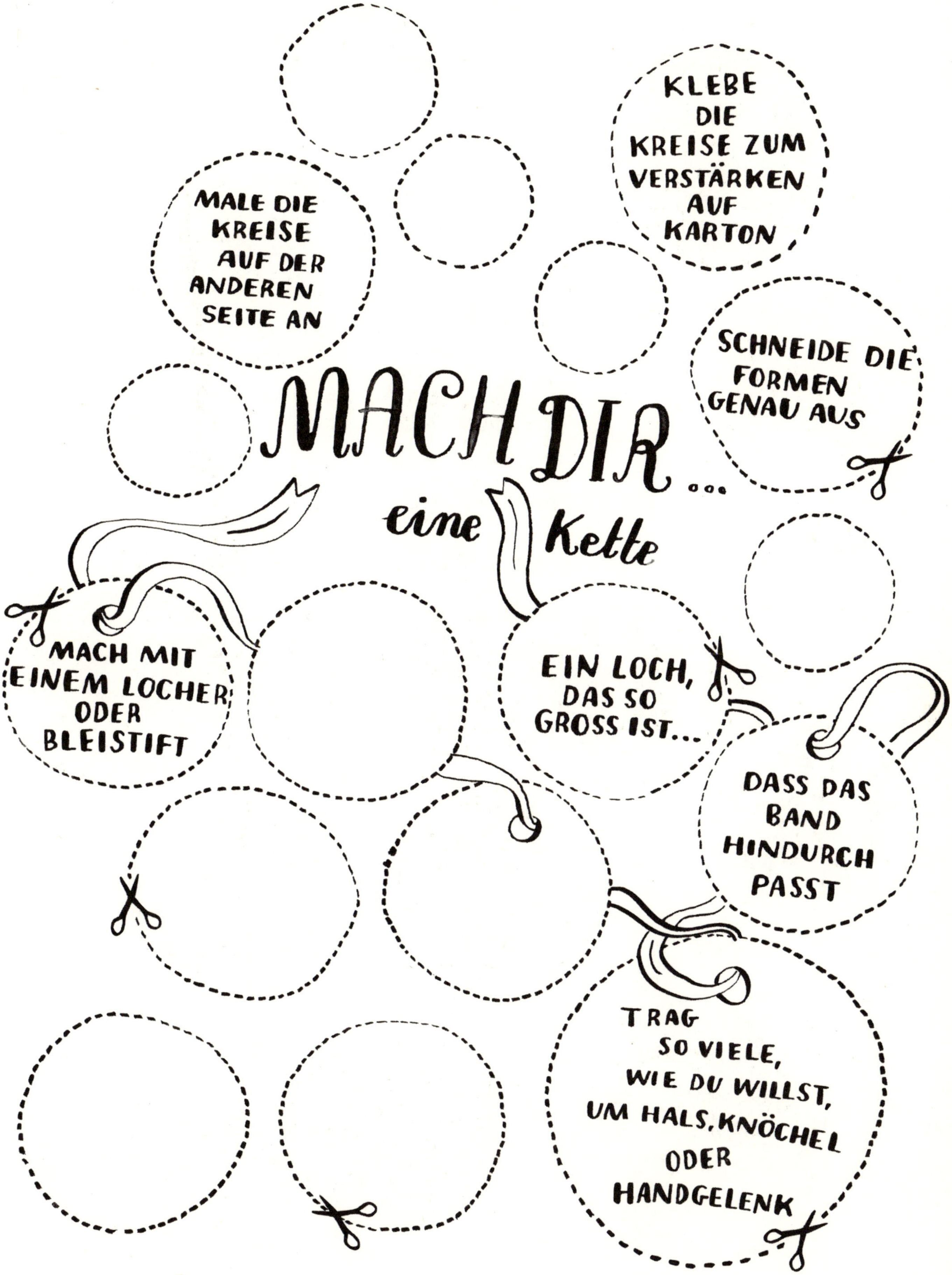

MACHE
EINZIGARTIGE und
FASZINIERENDE AUFNÄHER
AUS STOFFRESTEN

MACH DIR EIN PAAR ANSTECKER
MALE DIE KREISE AUF DER ANDEREN SEITE AUS
SCHNEIDE DIE FORMEN GENAU AUS
NIMM EINE SICHERHEITS-NADEL...
...UND STECHE SIE OBEN DURCH DIE ANSTECKER

MACH EINE HALSKETTE AUS BÜROKLAMMERN

Du brauchst:

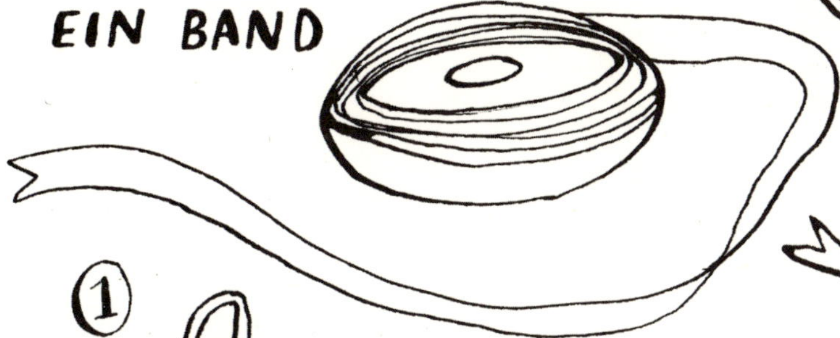

EIN BAND

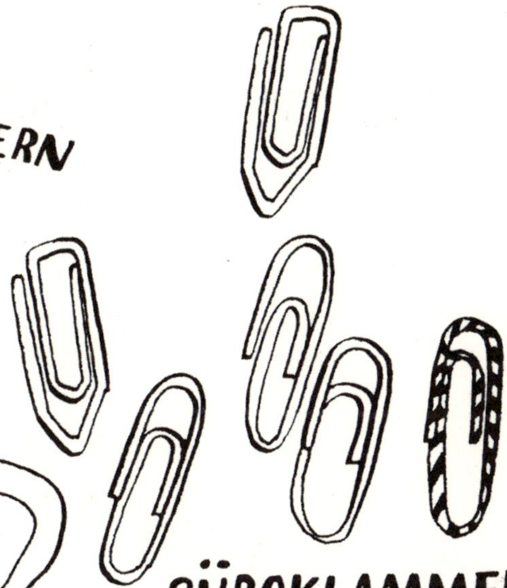

BÜROKLAMMERN

① 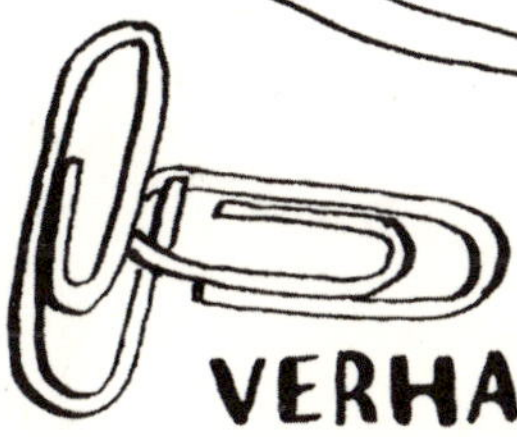

VERHAKE EINE KLAMMER MIT EINER ANDEREN

② 

MACH WEITER, BIS DU ZWEI LANGE KETTEN HAST

③ 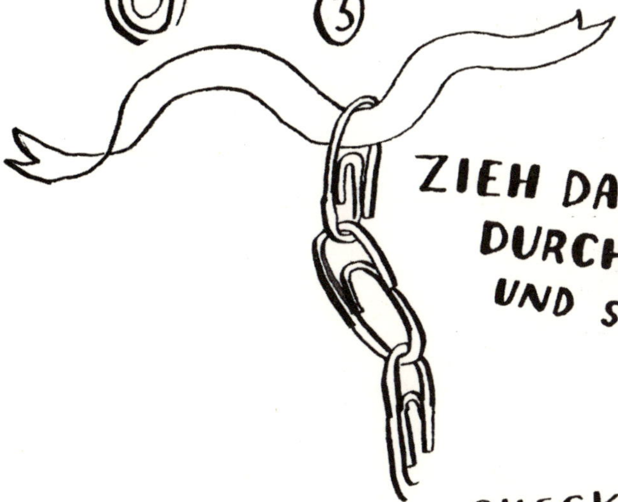

ZIEH DAS BAND DURCH DIE KETTEN UND SCHNEIDE ES AB

CHECK IT OUT AMIGA!

DAS FERTIGE HALSBAND →

Wie du ... ein Batik-T-Shirt machst

Du brauchst:

① DECK DEINE ARBEITSFLÄCHE MIT DEN MÜLLBEUTELN AB und ZIEH DIE HANDSCHUHE AN

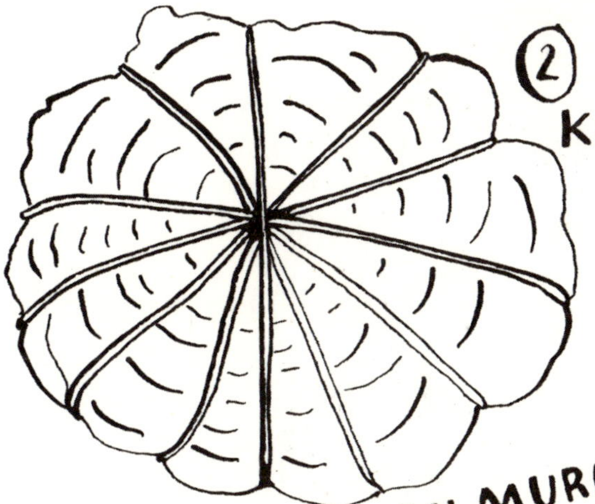

② KNÜLLE DAS T-SHIRT ZUSAMMEN und UMBINDE ES MIT DEN GUMMIRINGEN

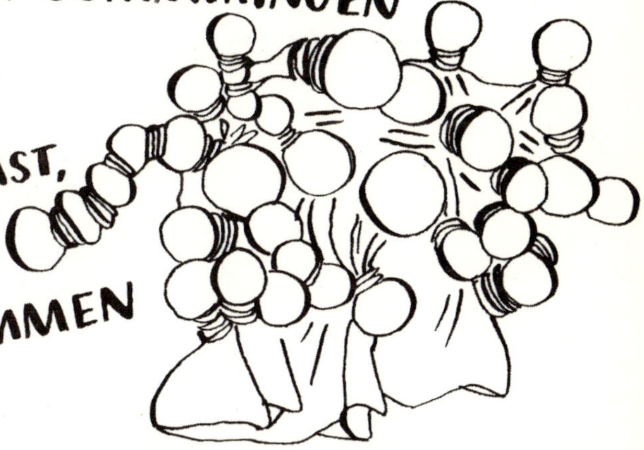

③ WENN DU MURMELN HAST, SCHNÜRST DU DAS T-SHIRT AUCH MIT IHNEN ZUSAMMEN

④ LÖSE DIE FARBE IM EIMER AUF

⑤ WEICHE DAS T-SHIRT MIT DEN GUMMIRINGEN IN DER FARBLÖSUNG EIN
WIE LANGE? DAS SAGT DIR DIE GEBRAUCHSANWEISUNG AUF DER PACKUNG

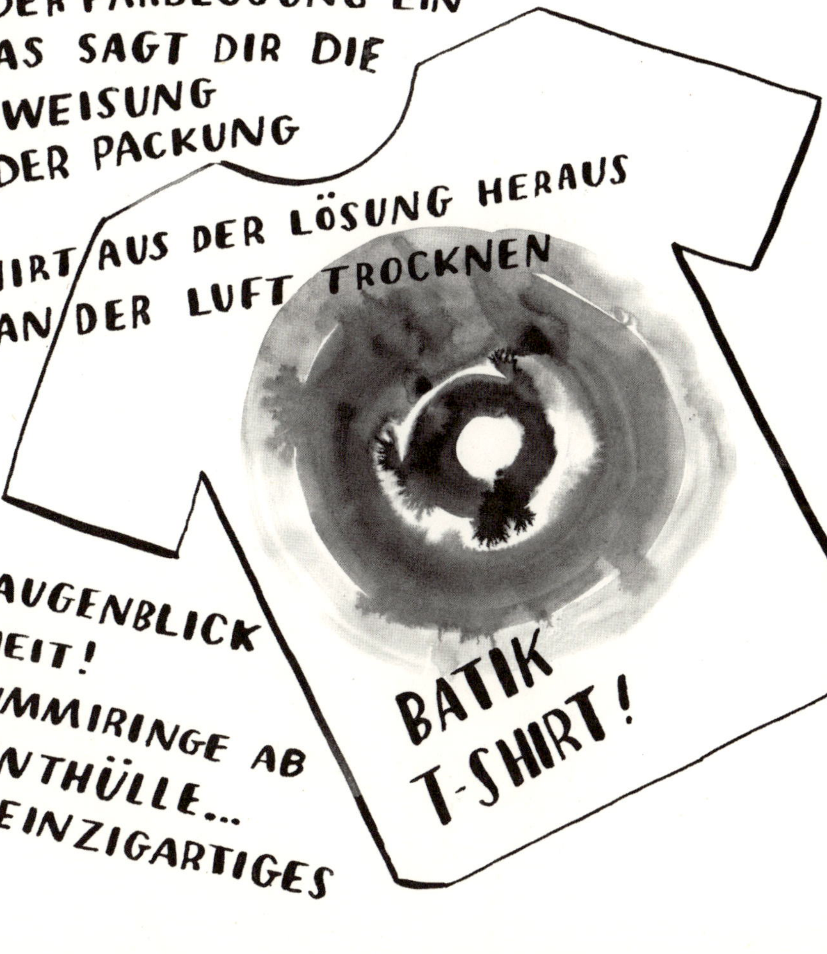

⑥ NIMM DAS T-SHIRT AUS DER LÖSUNG HERAUS UND LASS ES AN DER LUFT TROCKNEN

⑦ DER SPANNENDE AUGENBLICK DER WAHRHEIT!
SCHNEIDE ALLE GUMMIRINGE AB und ENTHÜLLE...
DEIN SUPERTOLLES, EINZIGARTIGES BATIK T-SHIRT!

ENTWIRF

EIN MUSTER FÜR DAS T-SHIRT DIESES MÄDCHENS

ENTWIRF

EIN ATEMBERAUBENDES MUSTER FÜR DIESE LEGGINGS

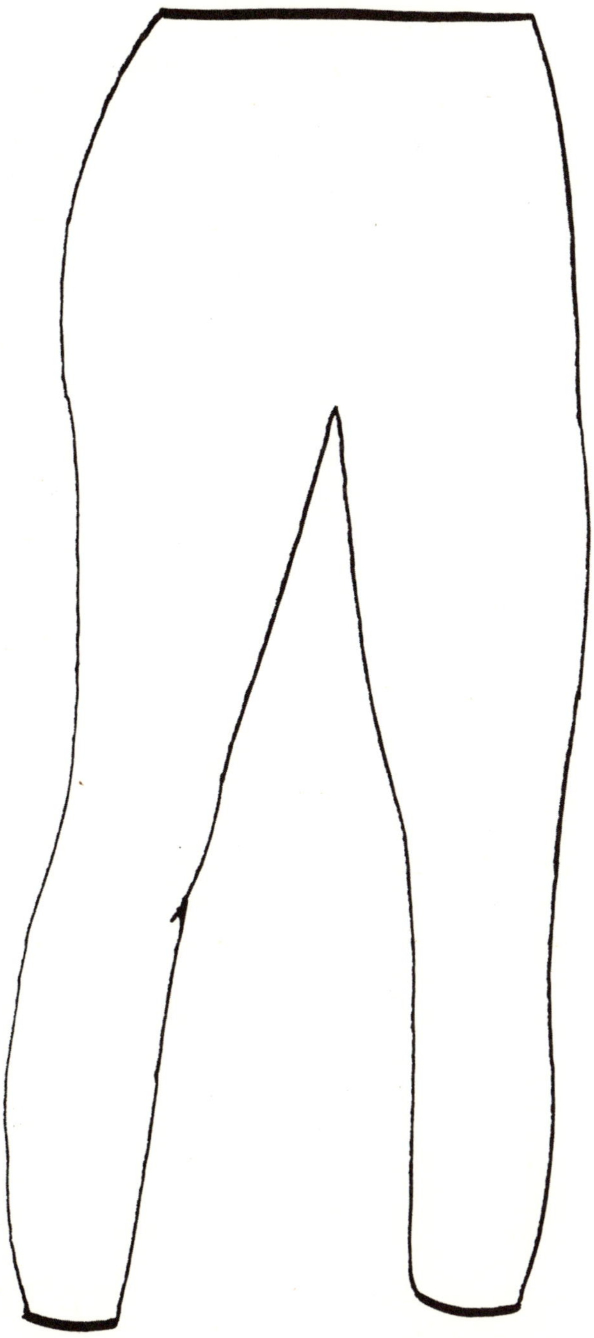

ZEICHNE

dein Lieblings-Outfit

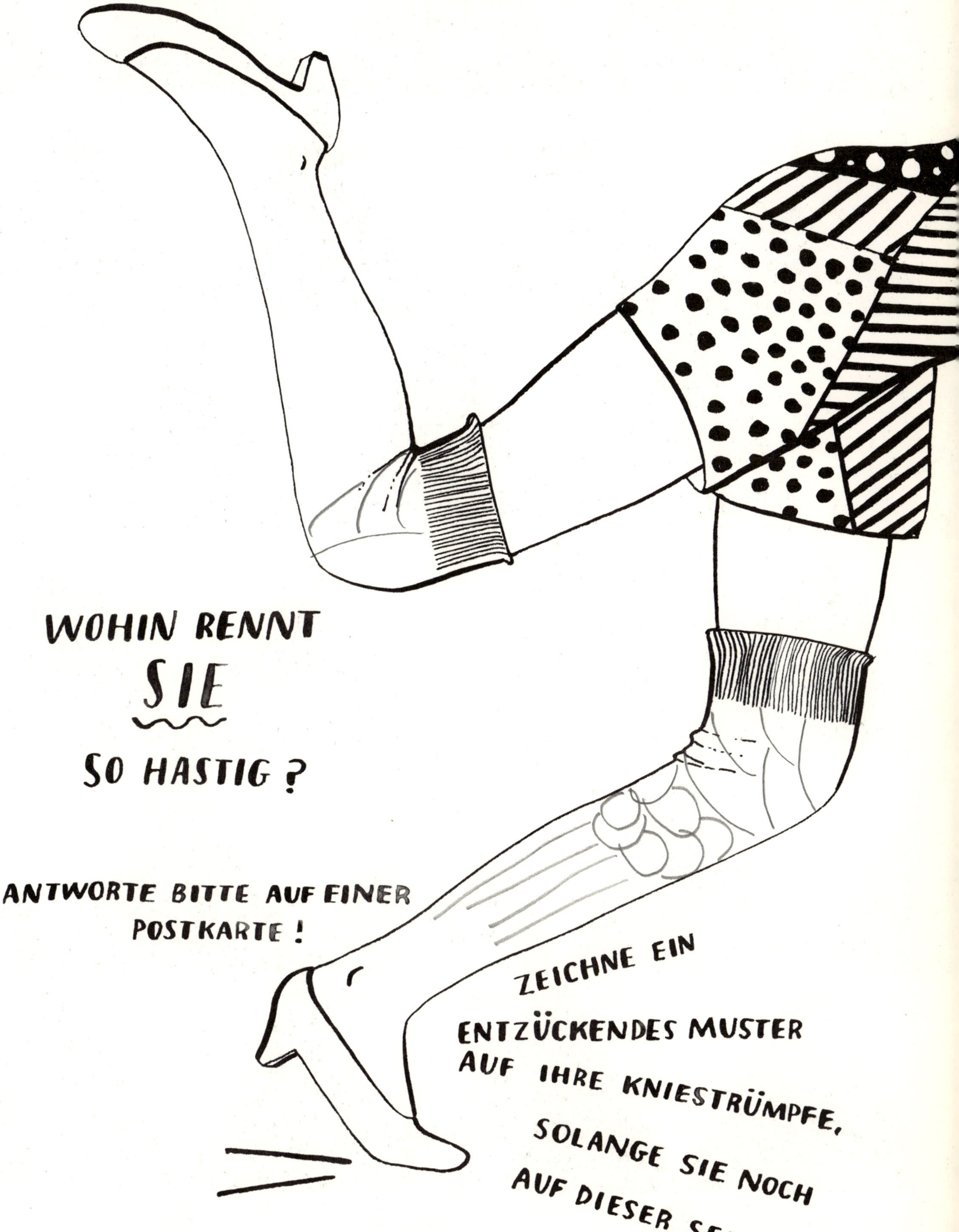
WOHIN RENNT
SIE
SO HASTIG ?
ANTWORTE BITTE AUF EINER POSTKARTE !
ZEICHNE EIN
ENTZÜCKENDES MUSTER
AUF IHRE KNIESTRÜMPFE,
SOLANGE SIE NOCH
AUF DIESER SEITE IST

ZEICHNE EIN PATCHWORK-MUSTER ...
IN DIE WEISSEN DREIECKE
WIE? NUTZE DEINE KREATIVE FANTASIE!

GESTALTE

EIN MUSTER
FÜR DIESES KLEID

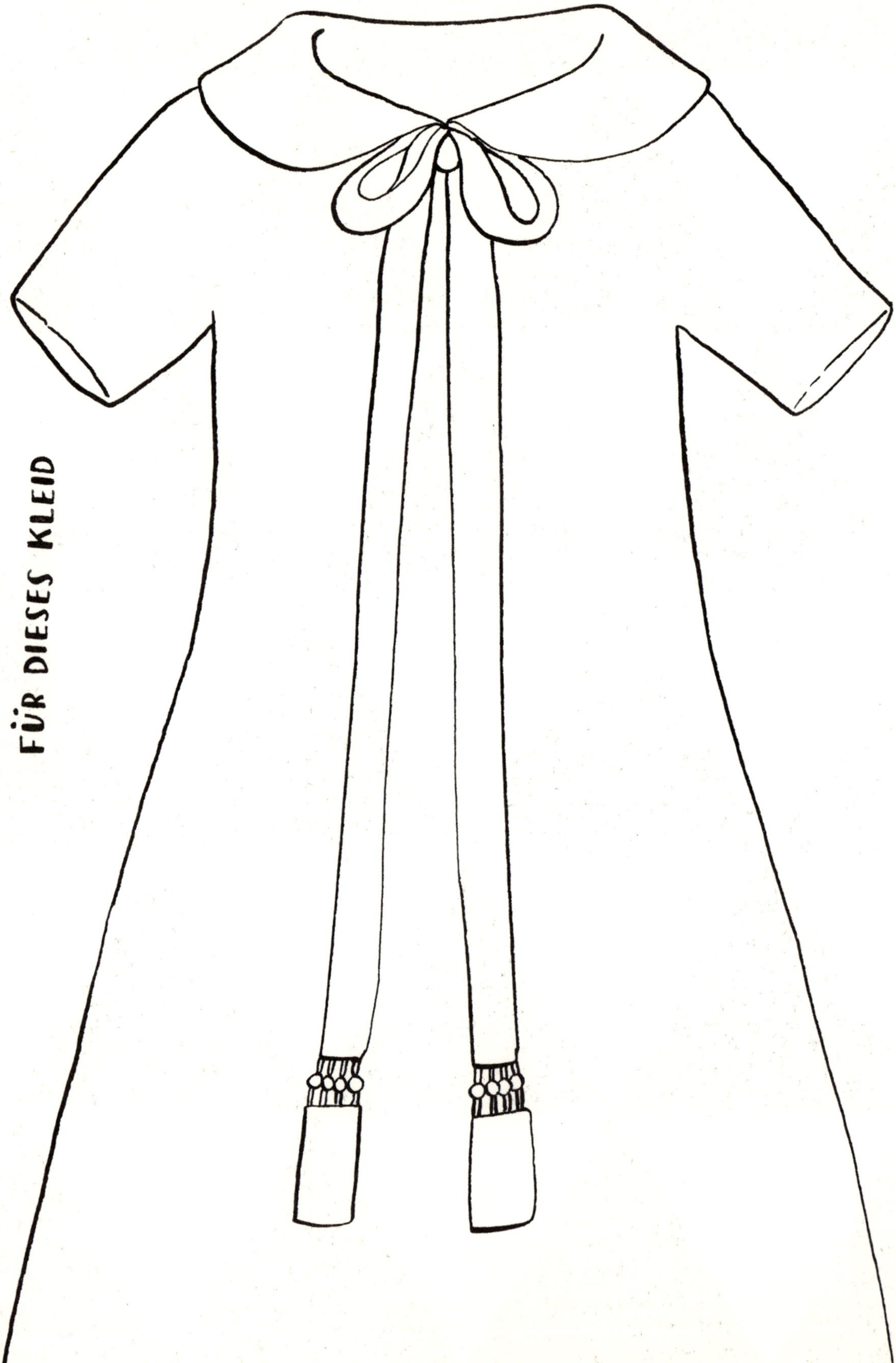

Entwirf EINE DAZU PASSENDE HANDTASCHE

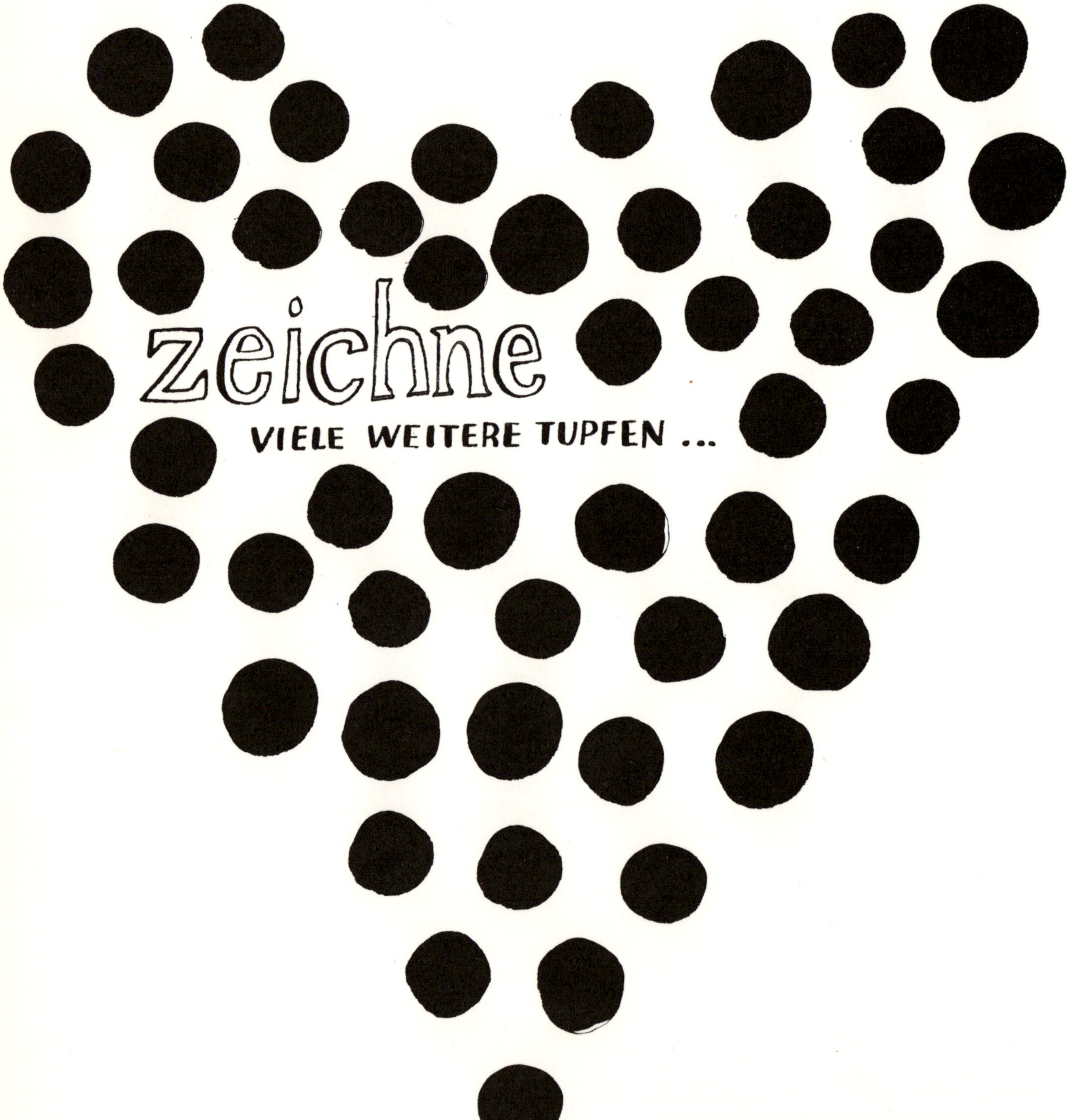
zeichne
VIELE WEITERE TUPFEN ...

...UND HÖR DABEI POLKAMUSIK. WARUM ?
WEIL TUPFEN IM ENGLISCHEN POLKADOTS SIND!

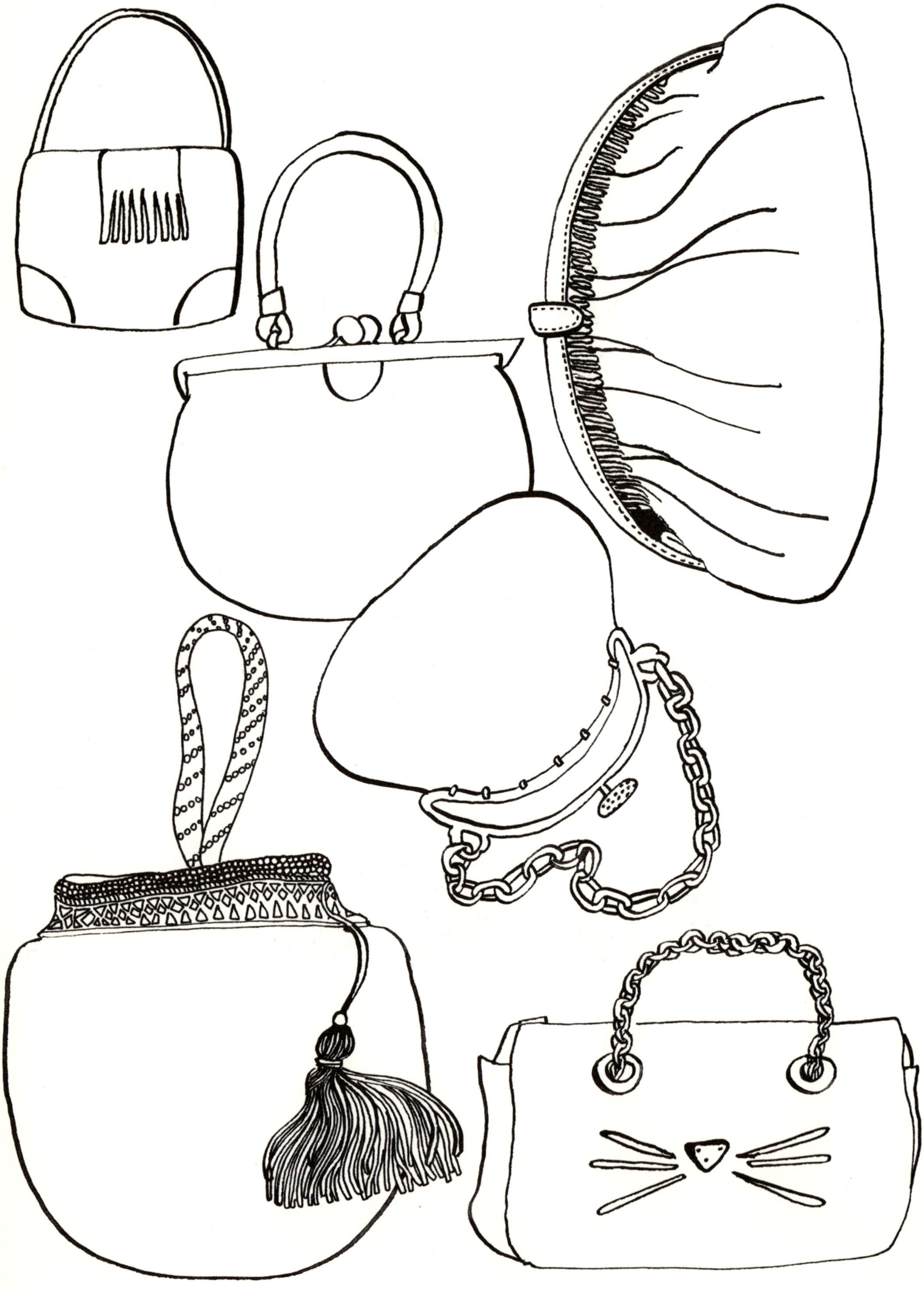

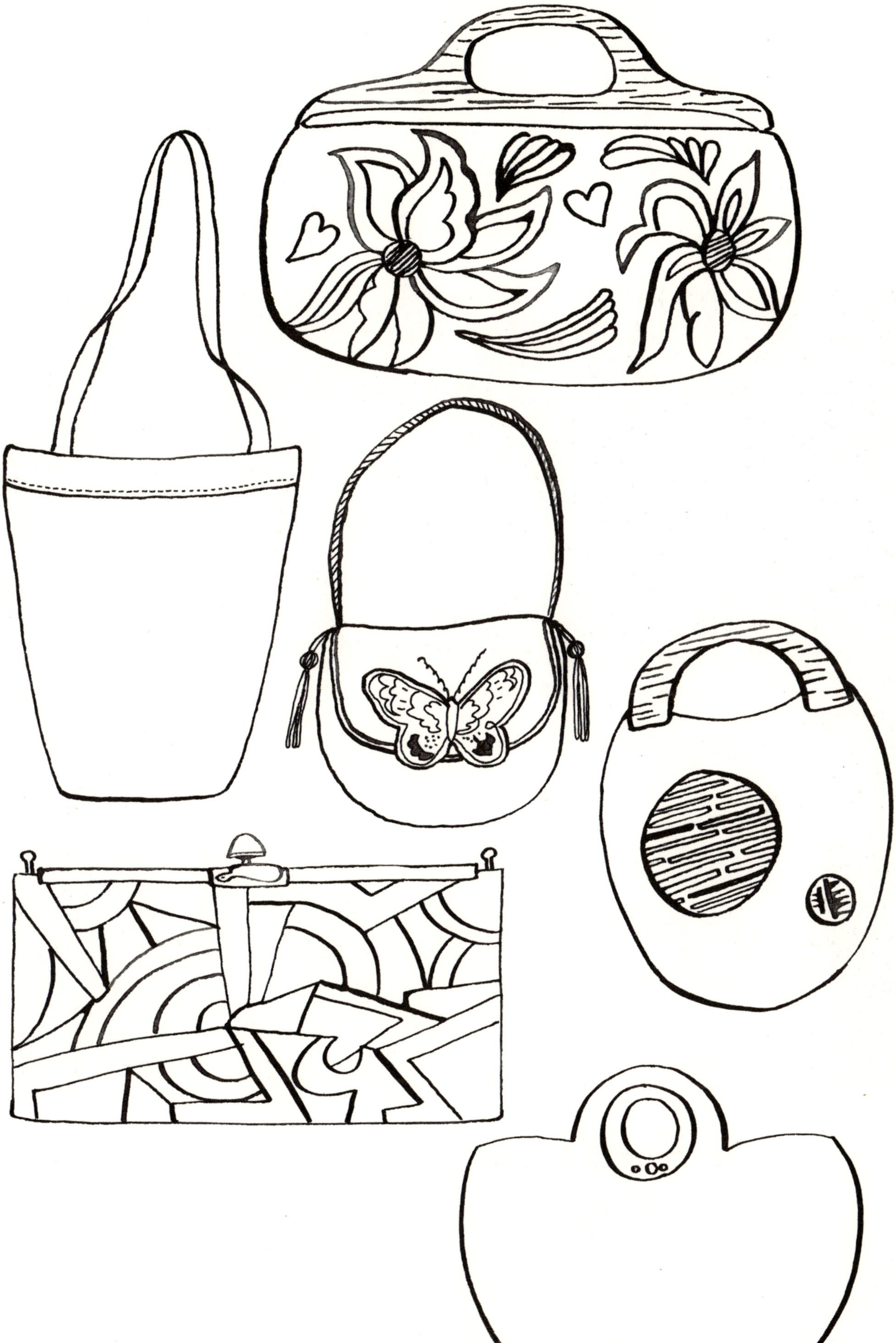

DIE

MODE

INSPIRIERT DIE KUNST

Die Handtasche meiner Mutter

Röntgenfoto

VON

STEVE MILLER

WAS

WÜRDE ICH SEHEN,
WENN ICH DEINE TASCHE
RÖNTGEN WÜRDE ?

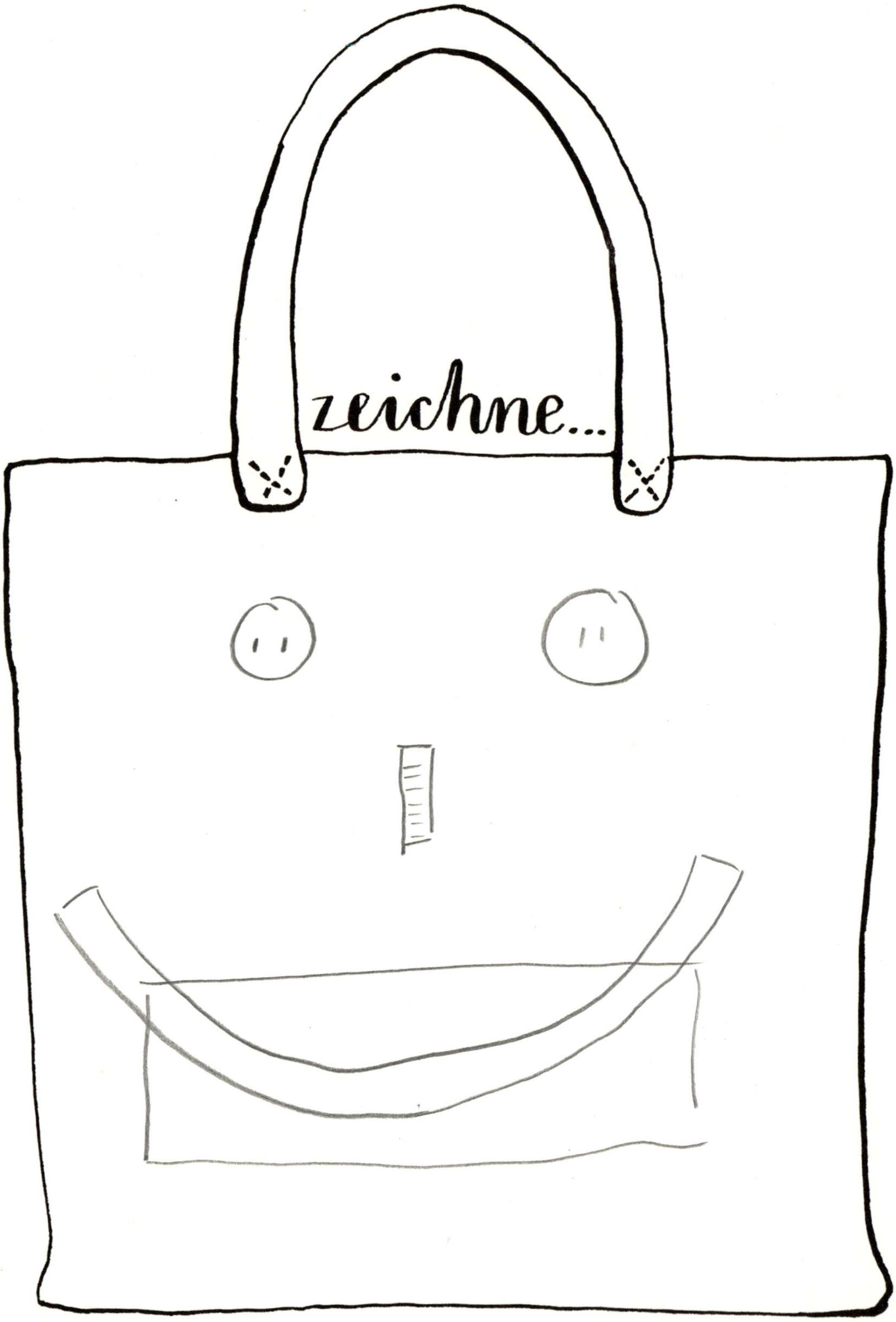

EIN GROSSES, LÄCHELNDES GESICHT AUF DIESE TASCHE

ENTWIRF ein Innen-Etikett für diese zierlichen Sandalen

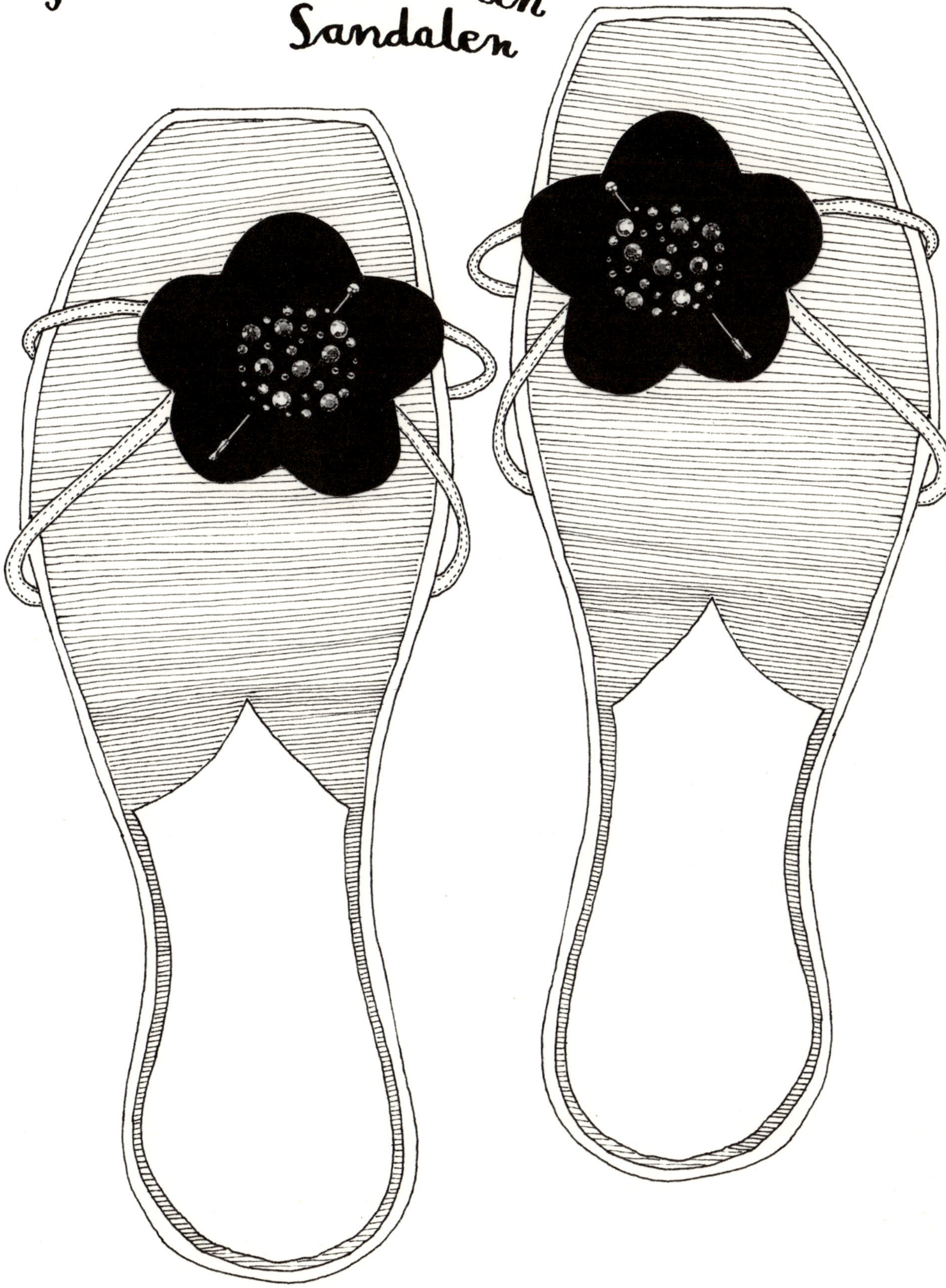

FLIEGEN
SIND NICHT
NUR
FÜR JUNGS
DA

DU KANNST SIE INS HAAR BINDEN
ODER ANS KLEID HEFTEN
MALE DIESE HIER KUNTERBUNT AN

ERFINDE

EIN MUSTER
FÜR JEDE DIESER FLIEGEN

JEDE SOLLTE ETWAS GANZ BESONDERES SEIN!

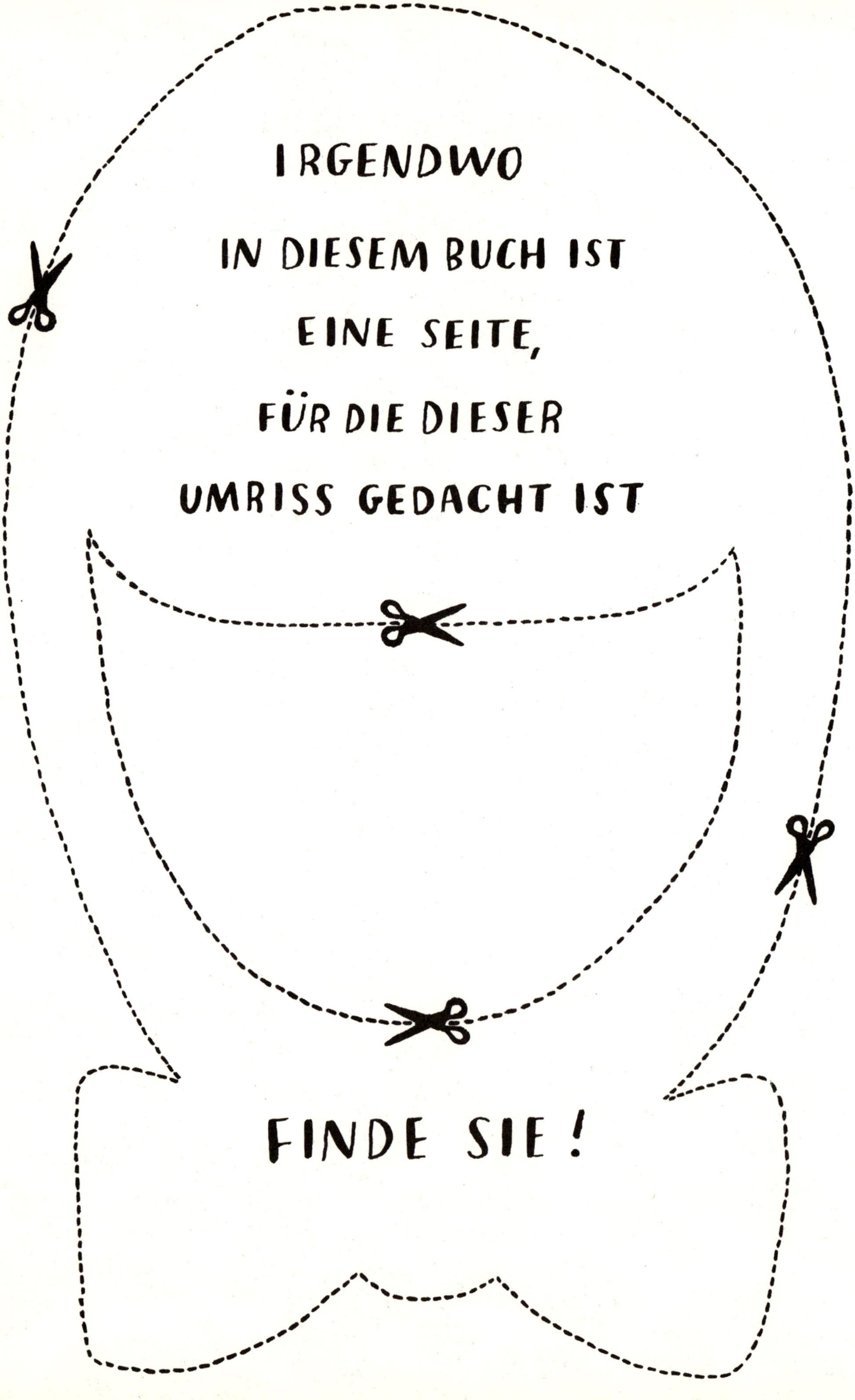
IRGENDWO
IN DIESEM BUCH IST
EINE SEITE,
FÜR DIE DIESER
UMRISS GEDACHT IST
FINDE SIE!

ENTWIRF

EIN ZARTESMUSTER FÜR DIESES KLEID

UND WAS IST MIT DEN SCHUHEN ?

BRAUCHEN AUCH SIE EIN MUSTER
ODER SOLLEN SIE EINFARBIG SEIN ?
HMMMM — DAS
ENTSCHEIDEST DU !

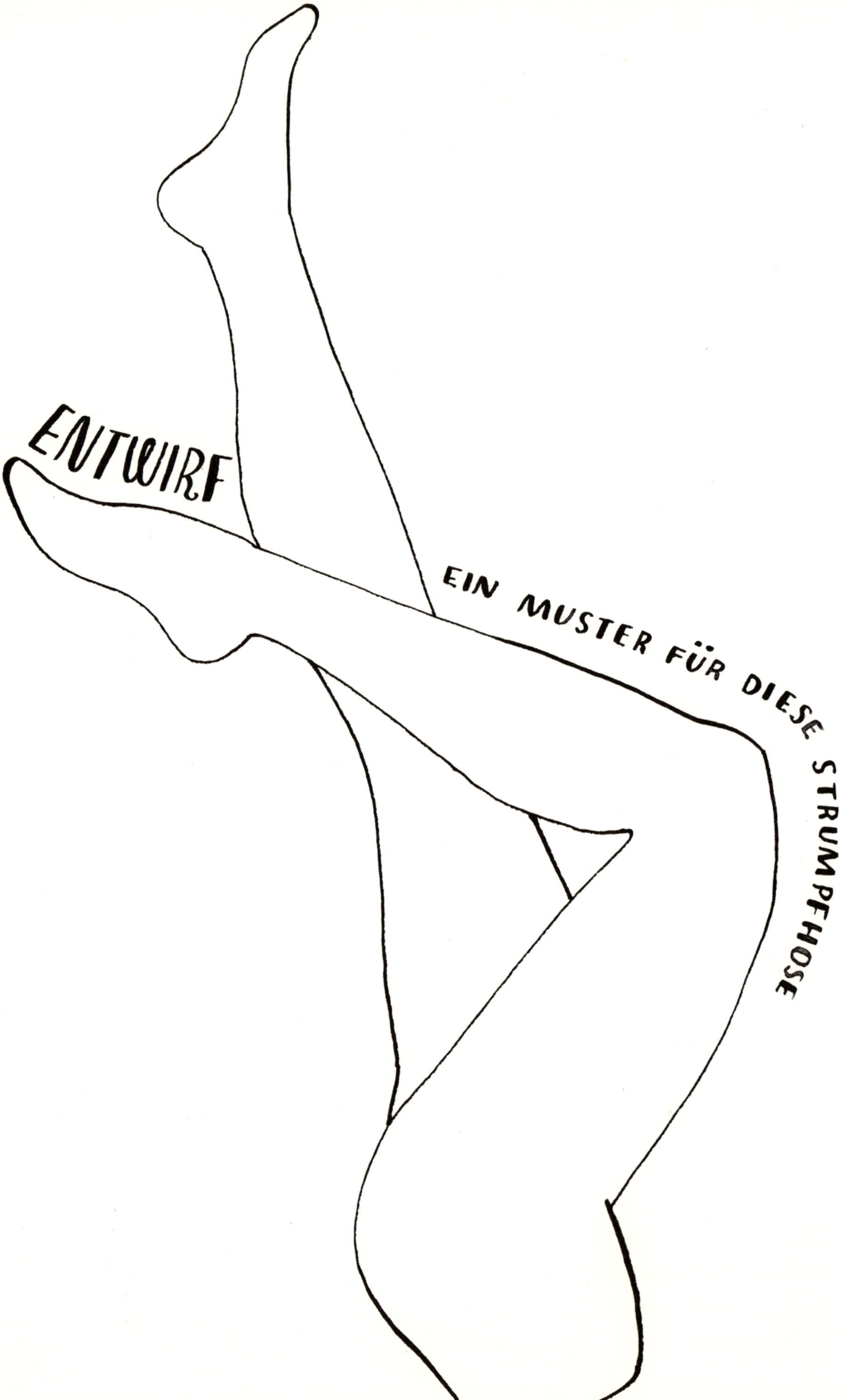
ENTWIRF
EIN MUSTER FÜR DIESE STRUMPFHOSE

IRGENDWO
IN DIESEM BUCH
IST EINE SEITE, FÜR
DIE DIESER UMRISS
GEDACHT IST…
suche sie!

PLAID IST EIN SCHOTTISCHES TUCH
PLAID ODER TARTAN WIRD AUS GEWEBTER WOLLE GEMACHT

ES GIBT HUNDERTE VON SCHOTTEN-MUSTERN
EIN KILT IST EIN KARIERTER ROCK.
SCHOTTISCHE MÄNNER TRAGEN IHN

WOW!
SETZ LIEBER
EINE
SONNENBRILLE
AUF, WENN DU
AN DIESER
SEITE
ARBEITEST

MALE DIE
MUSTER AUS
UND
VERVOLLSTÄNDIGE
SIE DORT, WO DU
LÜCKEN
SIEHST

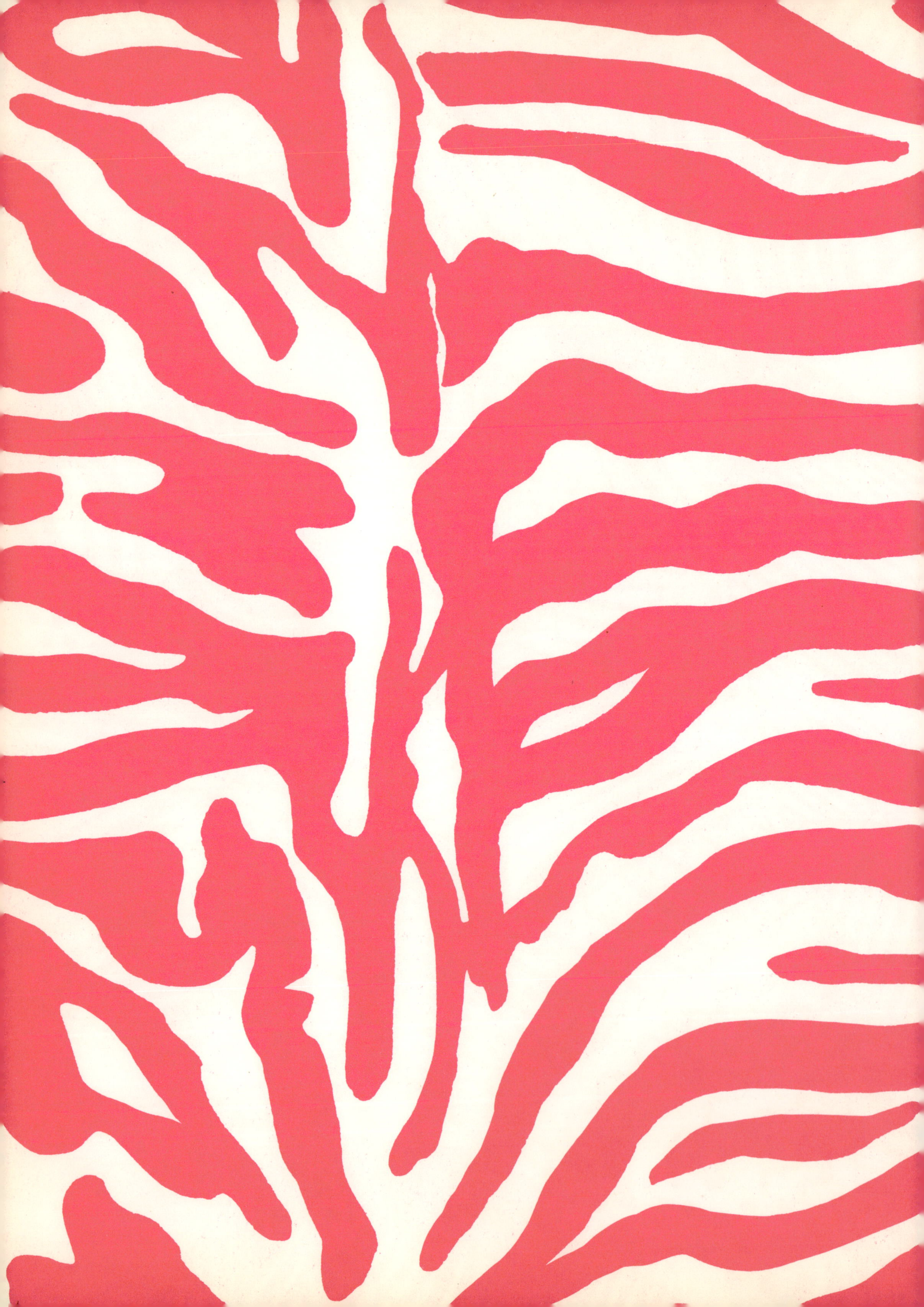

DAS CAPE DER GUTEN HOFFNUNG

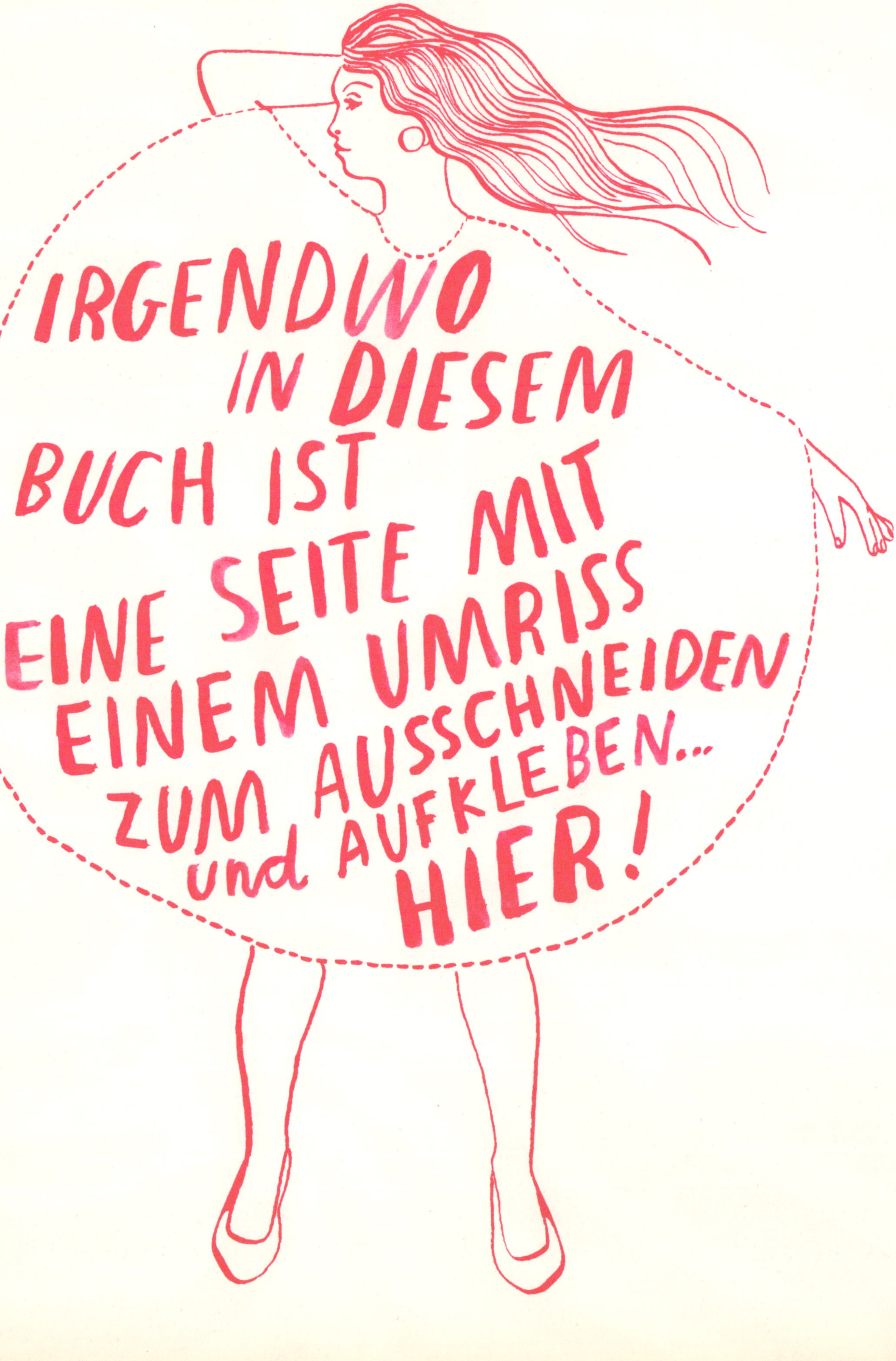

ENTWIRF

EIN KESSES FESCHES MUSTER FÜR DIESE COWBOYSTIEFEL

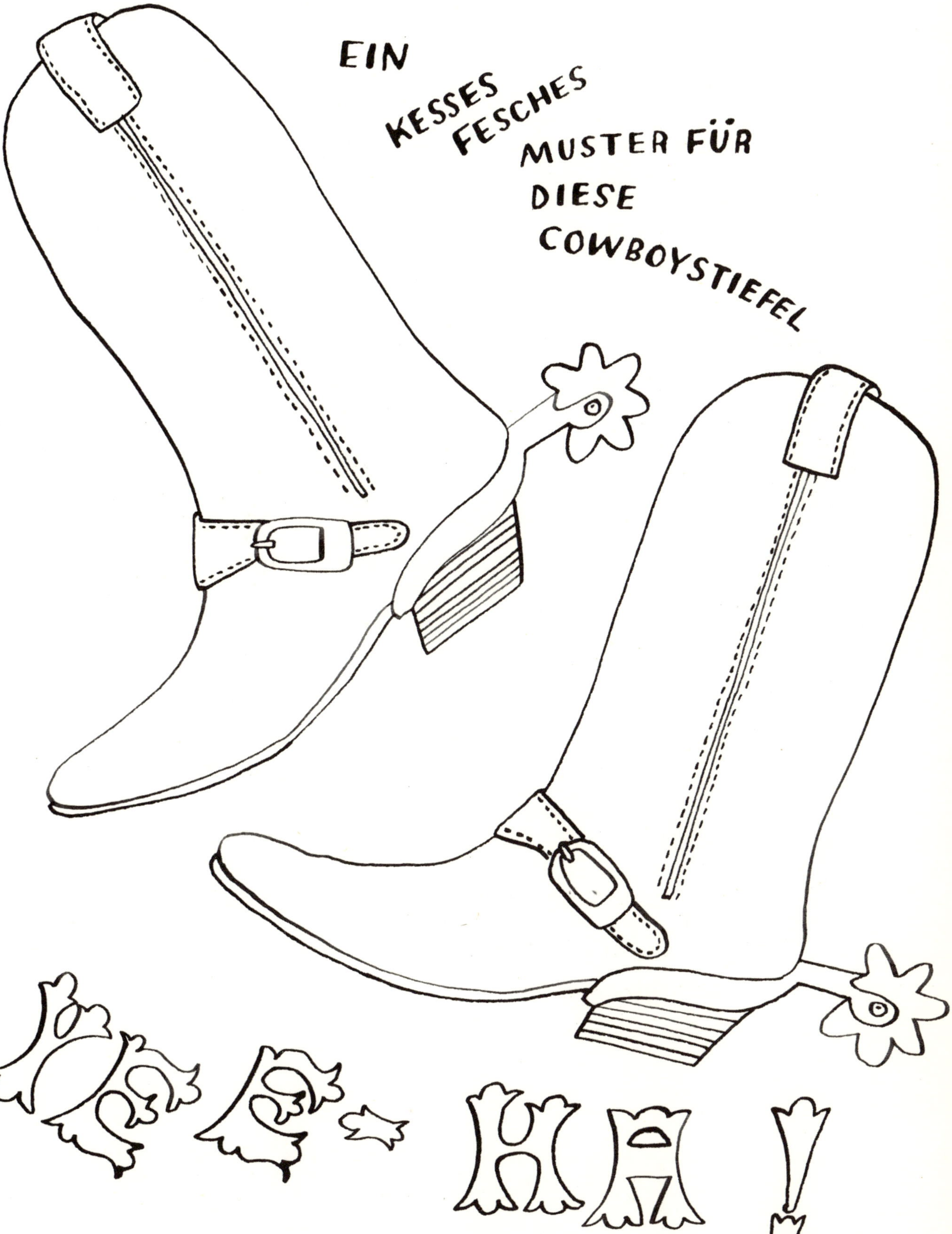

YEE-HA!

FLIP-FLOPS

2000 V.CHR

100% PAPYRUS

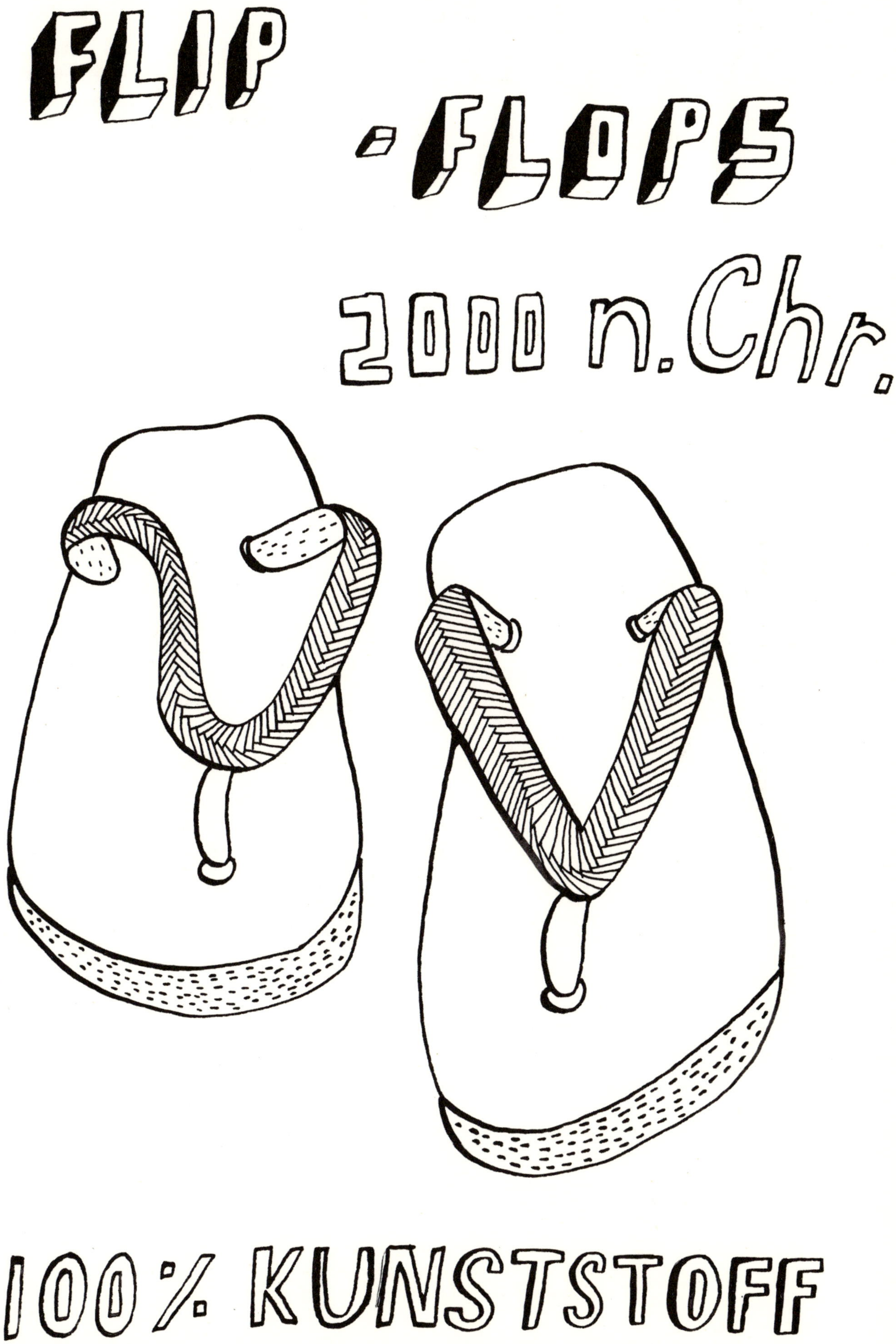
FLIP
-FLOPS
2000 n.Chr.
100% KUNSTSTOFF

ZEICHNE

EIN KLEIDUNGSSTÜCK, DAS
FRÜHER MAL MODE WAR

Wie...

WÜRDEST DU ES MODERNISIEREN ?

ENTWIRF

EIN FANTASTISCHES MUSTER
FÜR DIESEN KIMONO

HIER SIND EIN PAAR JAPANISCHE STOFFMUSTER.

LASS DICH DAVON INSPIRIEREN!

JAPANISCHE

PLATEAU-
SCHUHE

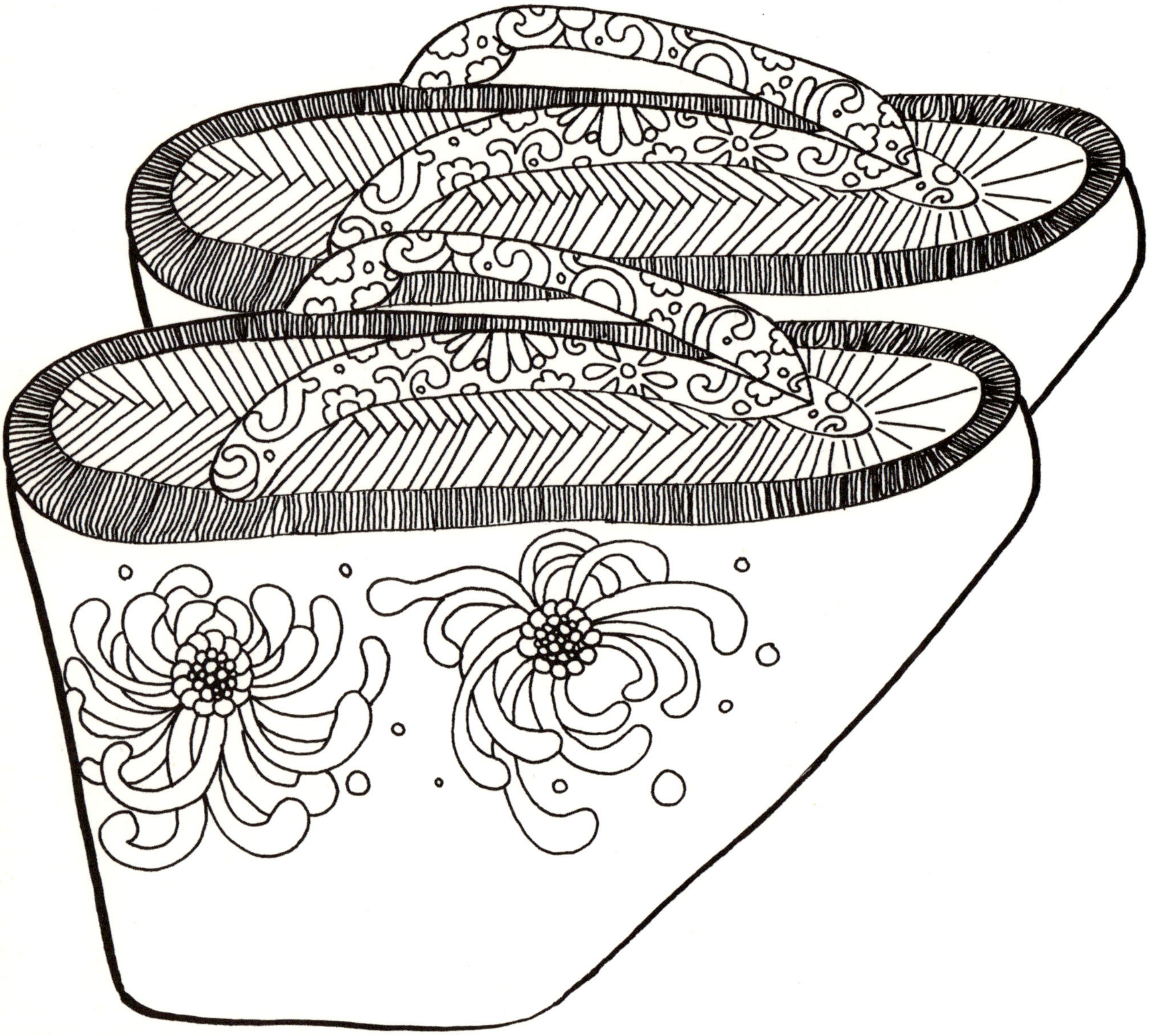

ES IST SCHWER, MIT DIESEN SCHÖNEN
HOLZSANDALEN ZU GEHEN

MODEARCHIV

DER LINKE SCHUH ZEIGT DAS PROFIL EINES MANNES

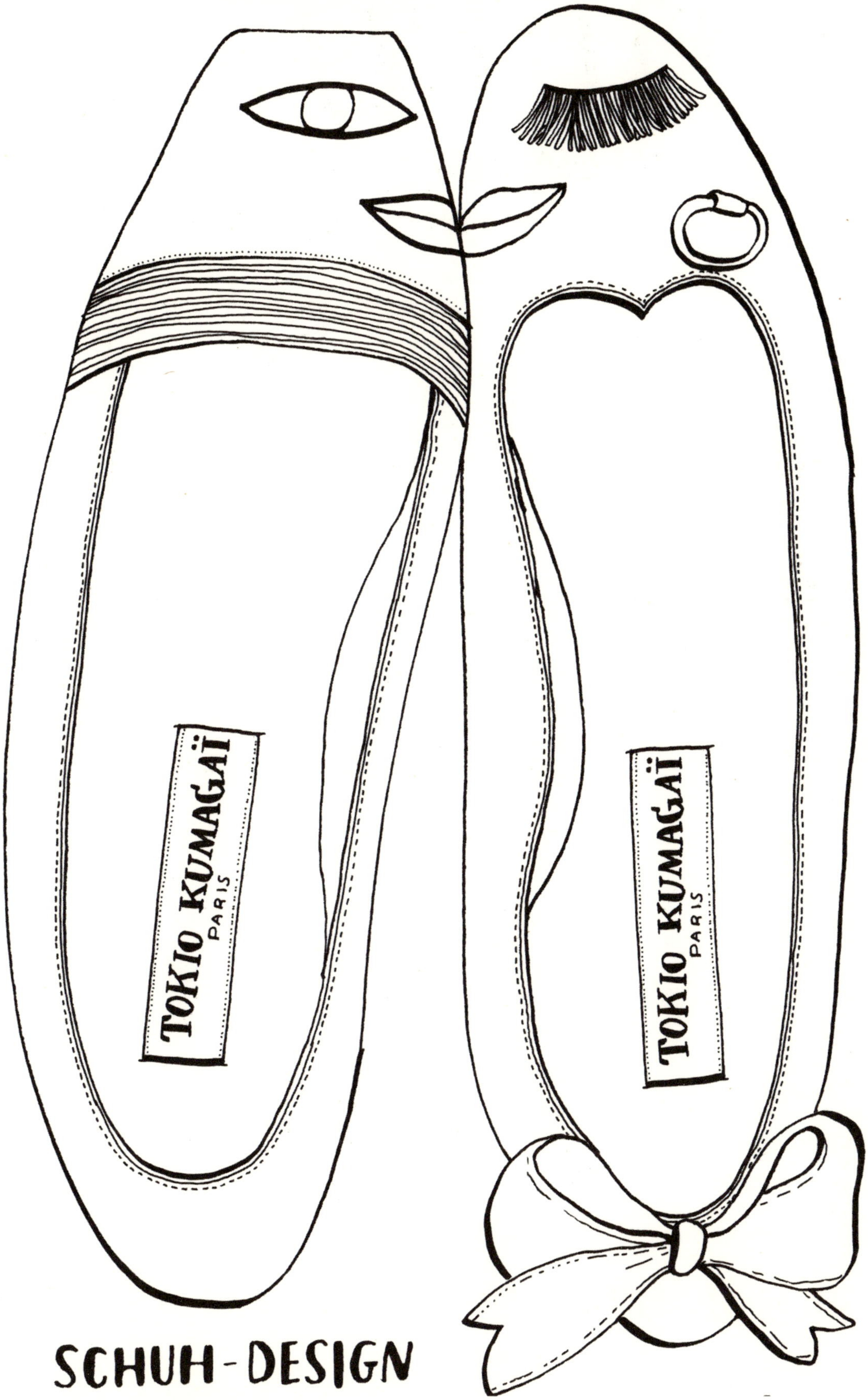

DER RECHTE SCHUH ZEIGT DAS PROFIL EINER FRAU

SCHUH-DESIGN
von
TOKIO KUMAGAÏ

ENTWURF

EINE TASCHE FÜR EIN GESCHÄFT, DAS NUR KLEIDER VON GESTERN VERKAUFT

ENTWIRF

EINE TASCHE FÜR
EIN GESCHÄFT, DAS NUR
MODE DER ZUKUNFT VERKAUFT

MODE-
ARCHIV
KLEID VON
MILENA SILVANO
DIE SCHÖNHEIT
STECKT IM DETAIL

MILENA
DIE BESTEN KLEIDER WERDEN NICHT EILIG GEMACHT, SONDERN LANGSAM, MIT LIEBE und SORGFALT
DIESES ZARTE UND AUSERLESENE KLEID HAT VIELE LIEBEVOLLE DETAILS

ZEICHNE

EIN PAAR HÜBSCHE SCHMETTERLINGE und VERVOLLSTÄNDIGE DAS MUSTER

VERSCHÖNERE

DIESE MASKEN MIT
GEWAGTEN FARBEN

VERSCHÖNERE

DIESE MASKEN MIT
MEHR FEDERN,
MEHR PAILLETTEN,
MEHR GLITZERZEUG,
MEHR VON ALLEM!

VERSCHÖNERE

DIESE WESTE MIT
HÜBSCHEN GLITZERSTEINEN, PAILLETTEN *und* PERLEN

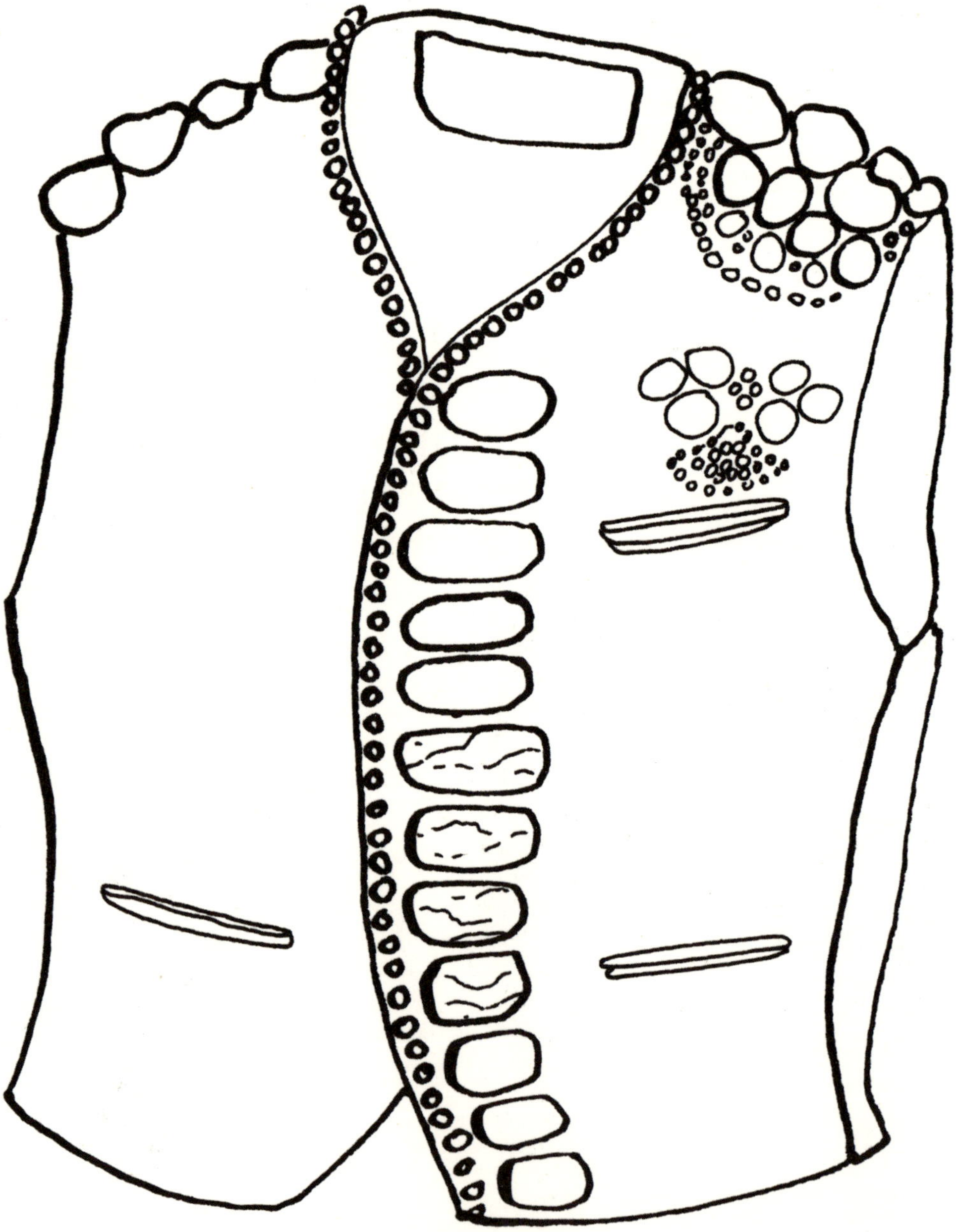

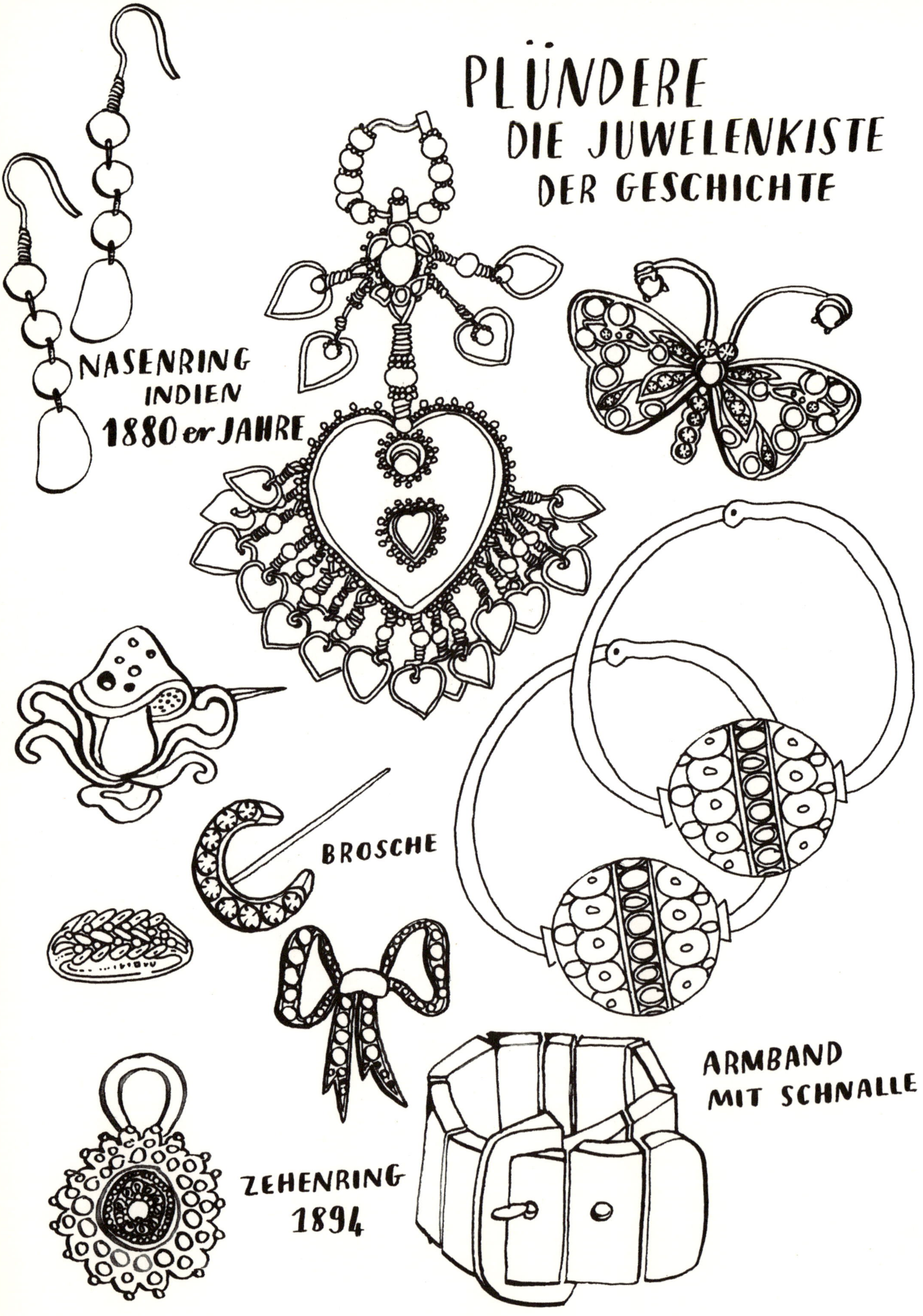
PLÜNDERE
DIE JUWELENKISTE
DER GESCHICHTE
NASENRING
INDIEN
1880er JAHRE
BROSCHE
ARMBAND
MIT SCHNALLE
ZEHENRING
1894

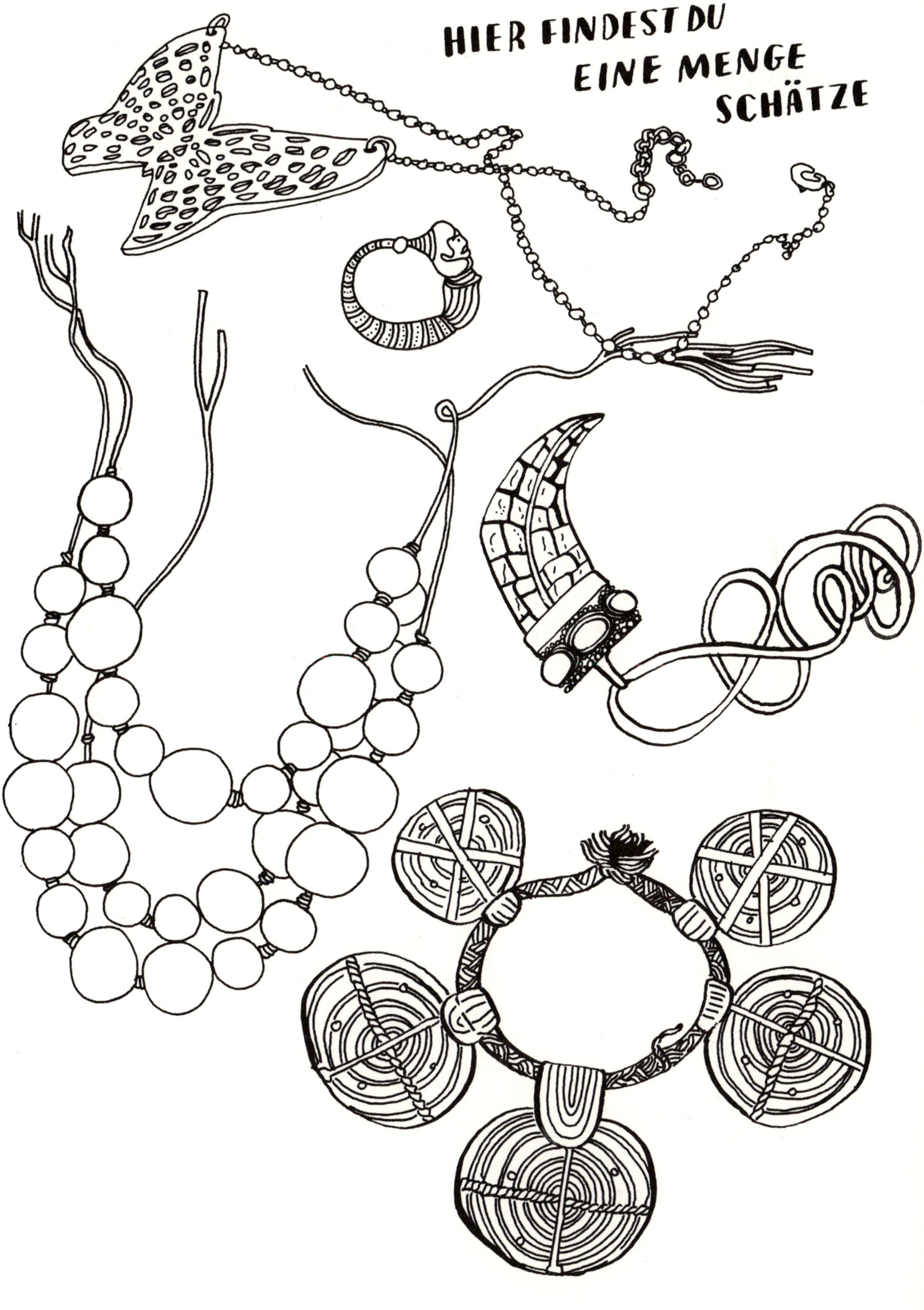
HIER FINDEST DU
EINE MENGE
SCHÄTZE

RAFFINIERTE OHRRINGE der DESIGNER AZUMI und DAVID (A'N'D)

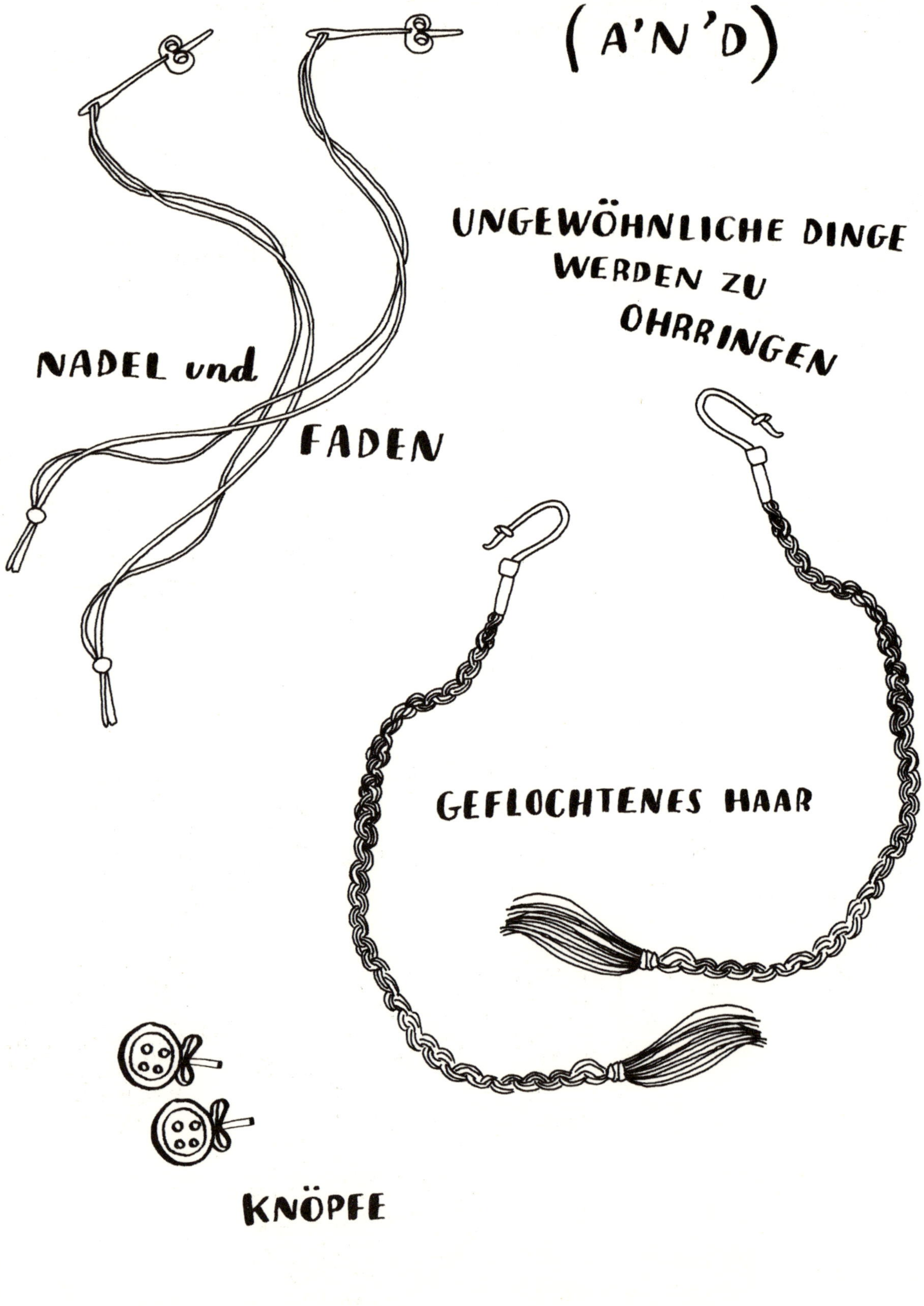

KANNST DU...

DIR EIN PAAR UNGEWÖHNLICHE DINGE VORSTELLEN, AUS DENEN DU OHRRINGE MACHEN KANNST?

WENN DU SIE DIR AUSGEDACHT HAST...

... DANN ZEICHNE SIE!

SO MACHST

DU EIN BETTELARMBAND AUS SICHERHEITSNADELN

du brauchst:

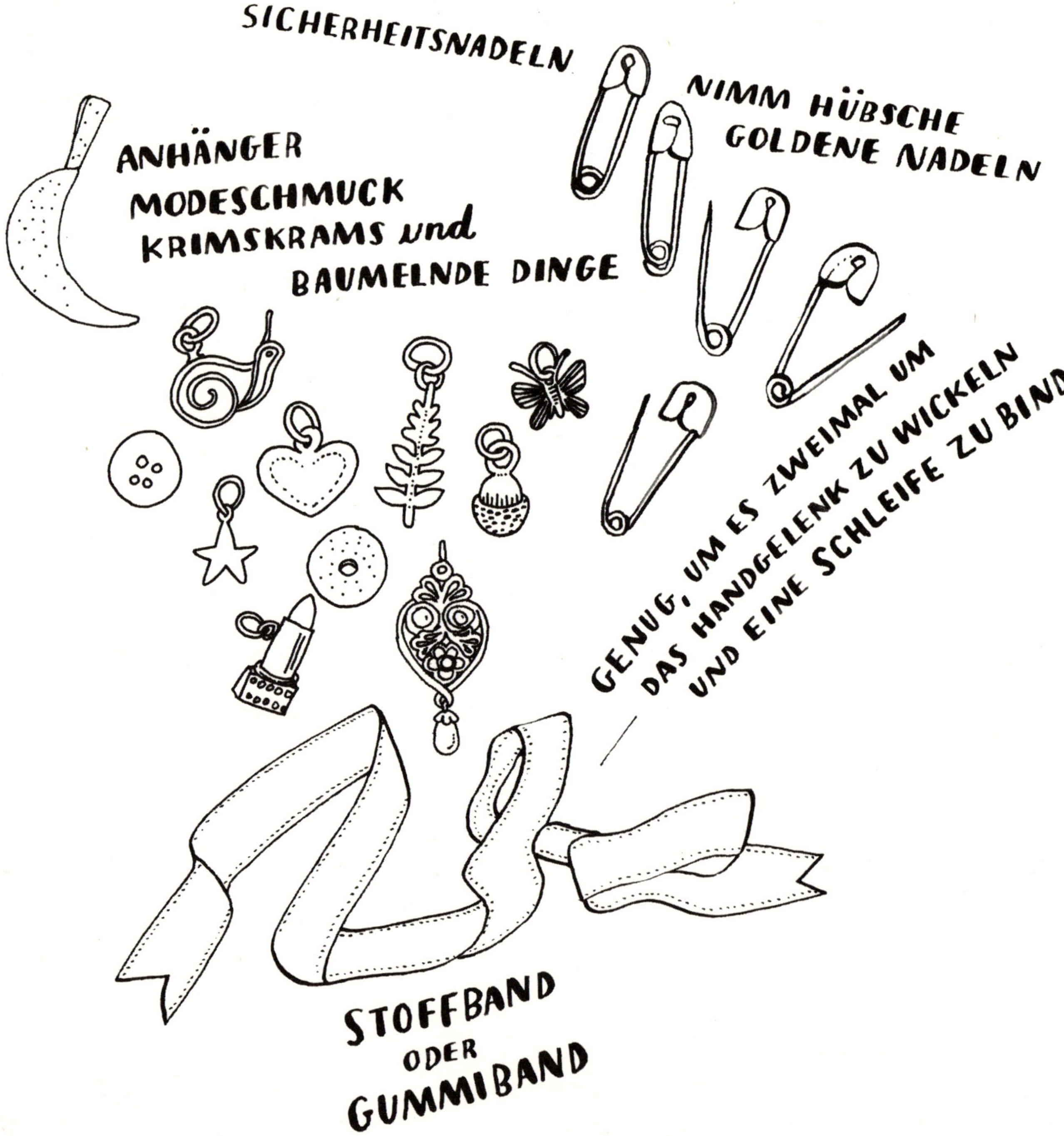

1. BEFESTIGE DIE ANHÄNGER AN DEN SICHERHEITSNADELN

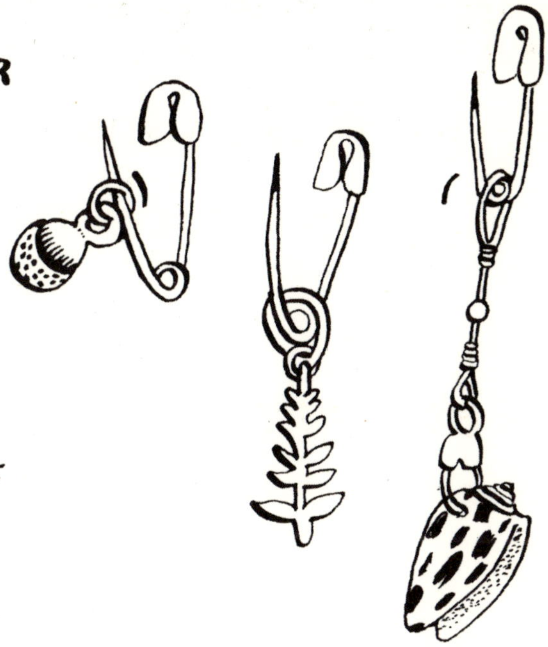

2. DURCHBOHRE DAS BAND OBEN UND UNTEN

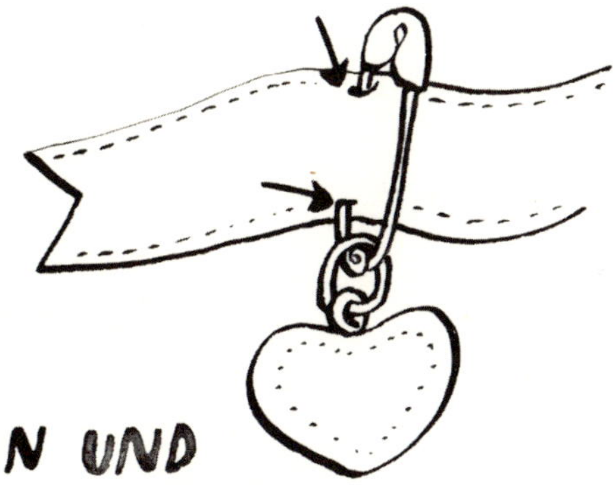

3. MACH WEITER, BIS ALLE SICHERHEITSNADELN VERBRAUCHT SIND

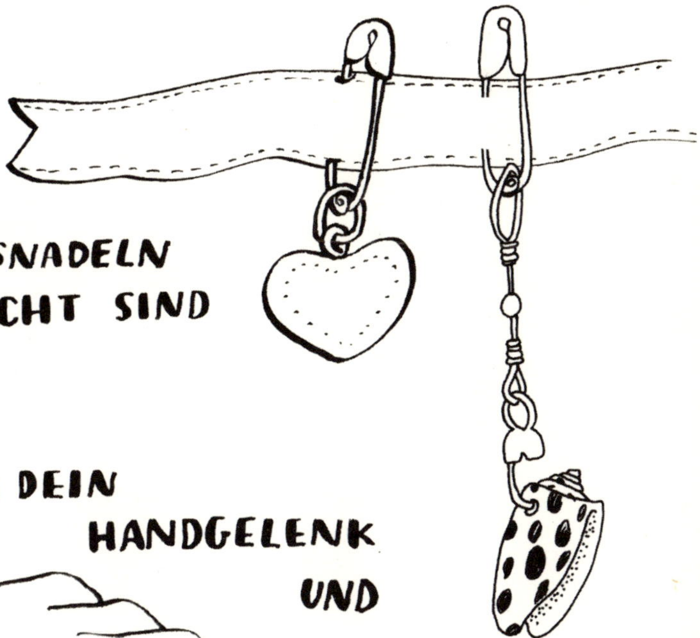

4. BINDE DAS BAND UM DEIN HANDGELENK UND

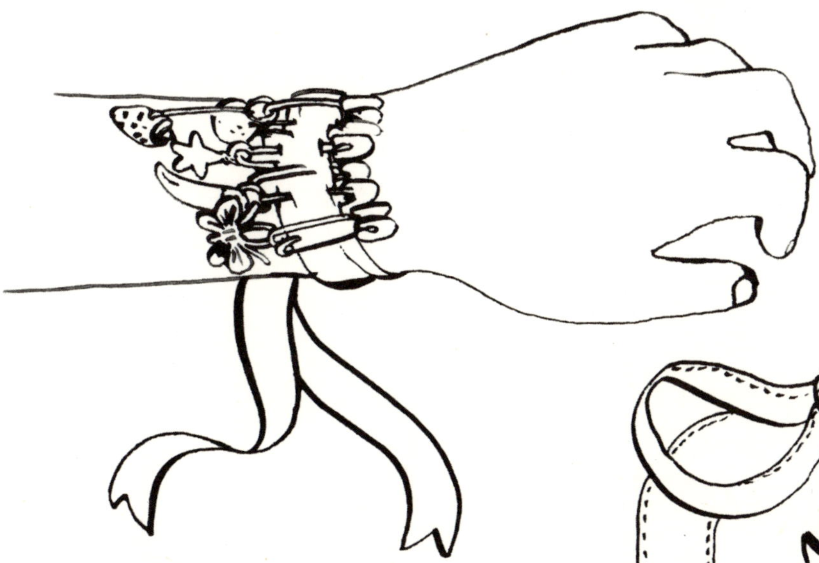

MACH ZUM SCHLUSS EINE GROSSE SCHLEIFE

ENTWIRF EIN SCHÖNES MUSTER FÜR DIESE EXTRALANGEN HANDSCHUHE

zeichne... EIN SCHÖNES MUSTER FÜR DIESE STRUMPFHOSE

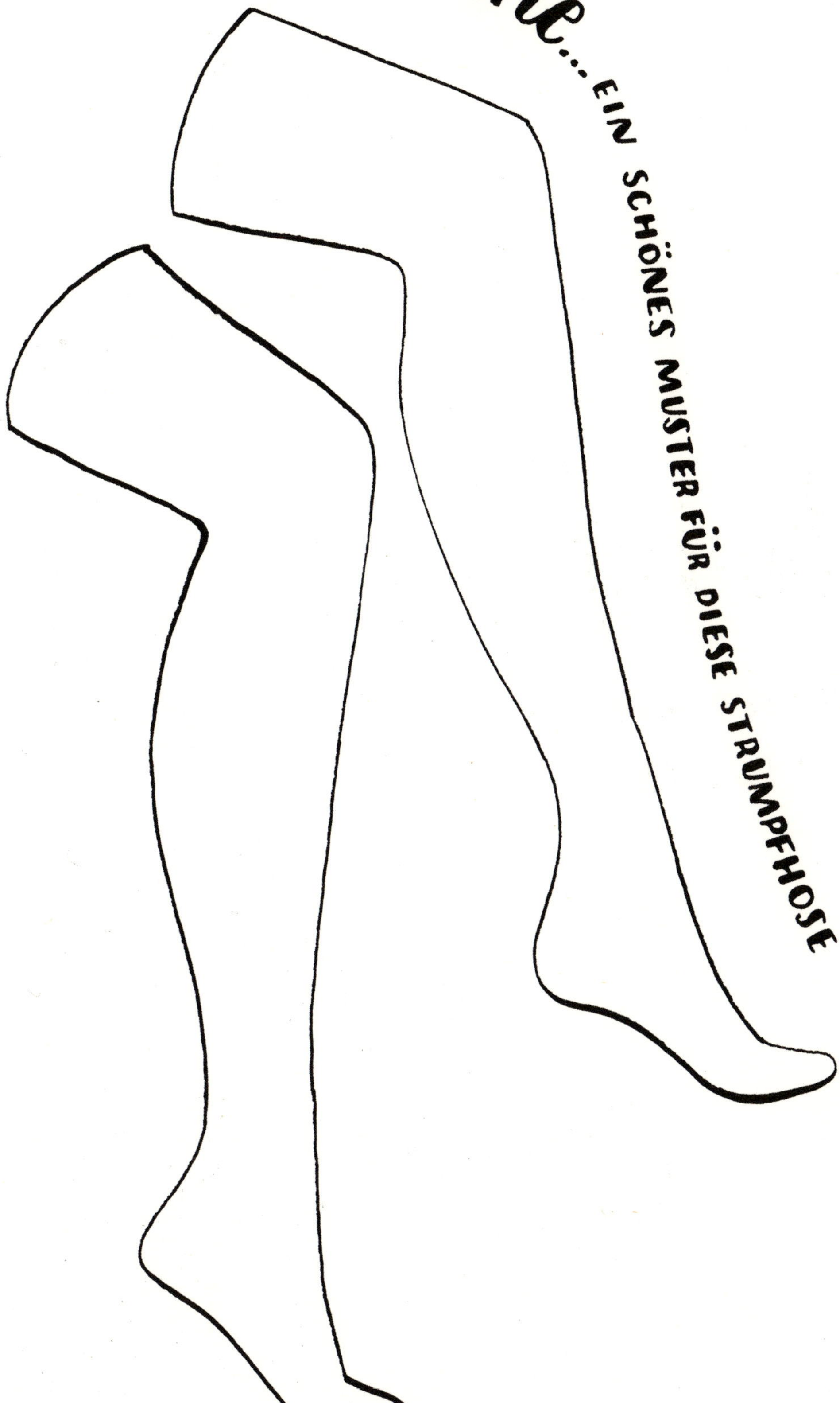

entwirf

EIN MUSTER FÜR DIESE STULPEN

ZEICHNE

EIN PAAR SOCKEN
NACH DEINEM GESCHMACK

ENTWIRF

EINIGE MUSTER FÜR DIESE STRUMPFHOSEN

SIE DÜRFEN **AUSGEFLIPPT** UND
WUNDERVOLL AUSSEHEN!

ENTWIRF

KLAMOTTEN, DIE DU
IM SOMMER *und* IM WINTER
TRAGEN KANNST

ENTWIRF

DEINEN ITSYBITSY
TEENIE WEENIE
HONOLULU-
STRAND-BIKINI

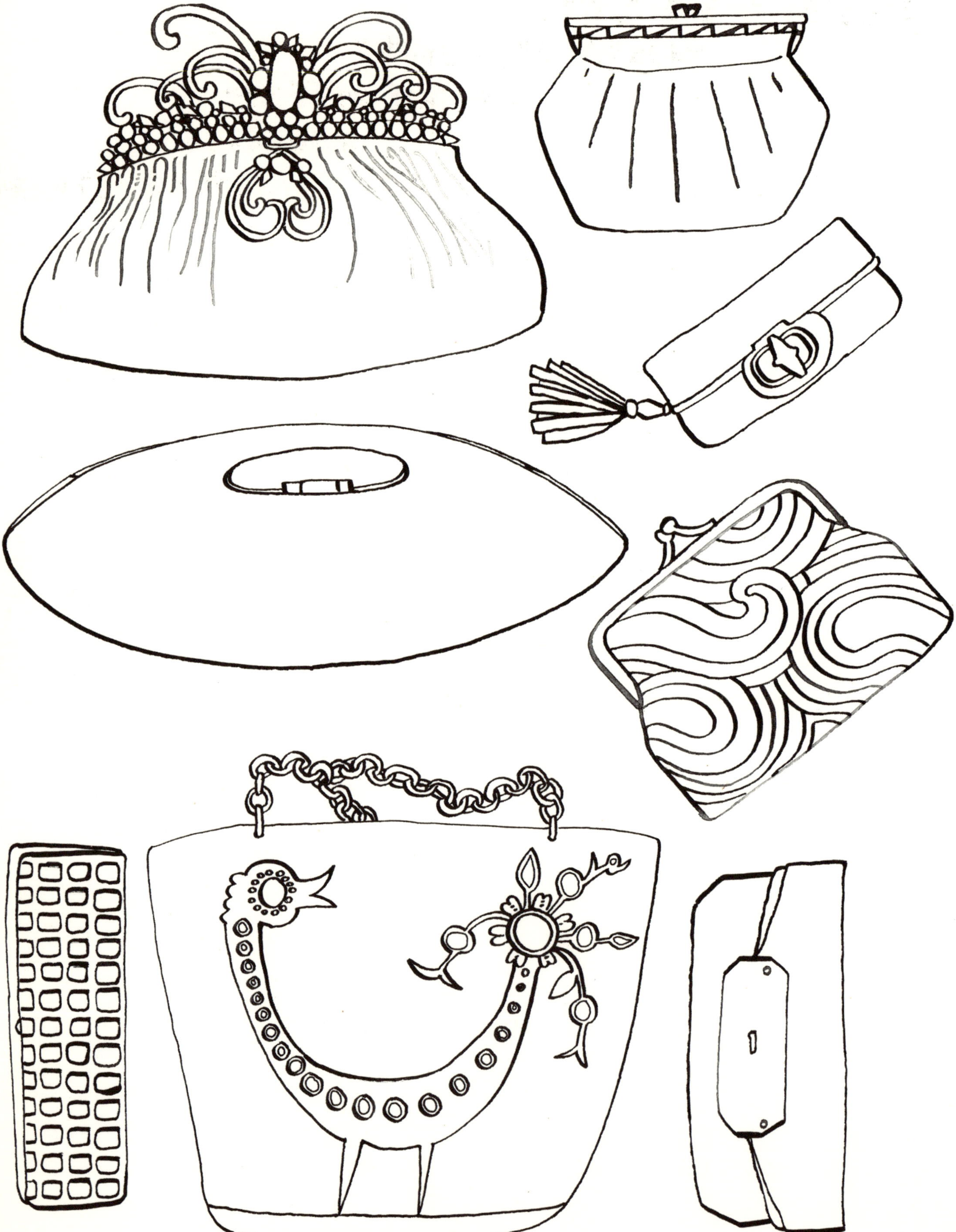

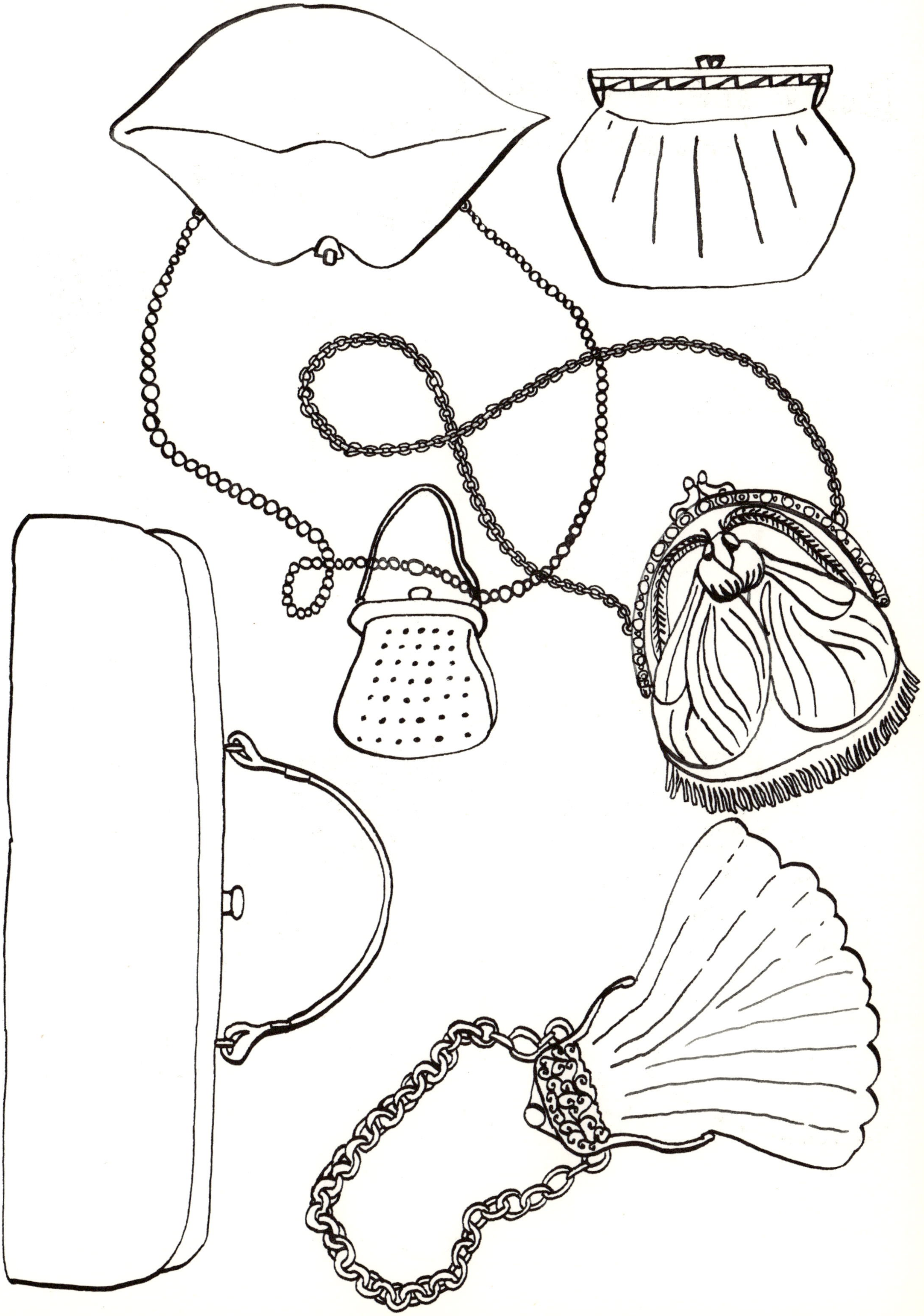

Darf ich vorstellen...

DEN COUTURIER DER SCHUHE:

Roger Vivier

„Meine Schuhe sind Skulpturen"
Roger Vivier
PARIS

Mode, die Kunst inspiriert

SCHUHE

EIN RÖNTGENBILD VON STEVE MILLER

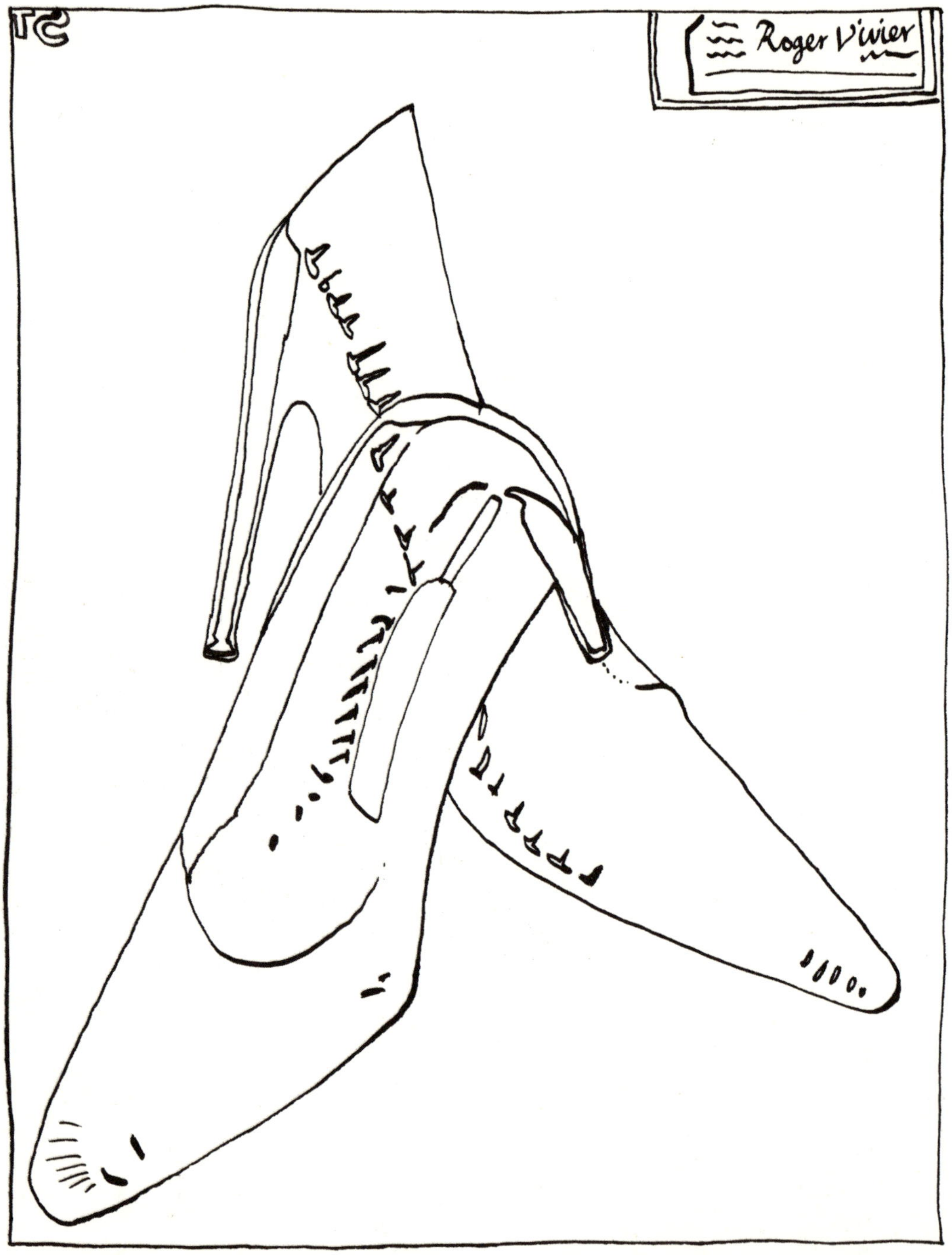

„ICH HATTE NOCH NIE ETWAS SO SCHÖNES GESEHEN. SIE SAHEN AUS WIE SCHWARZE FERRARIS. ALSO NAHM ICH SIE MIT INS KRANKENHAUS UND LIESS SIE RÖNTGEN.“

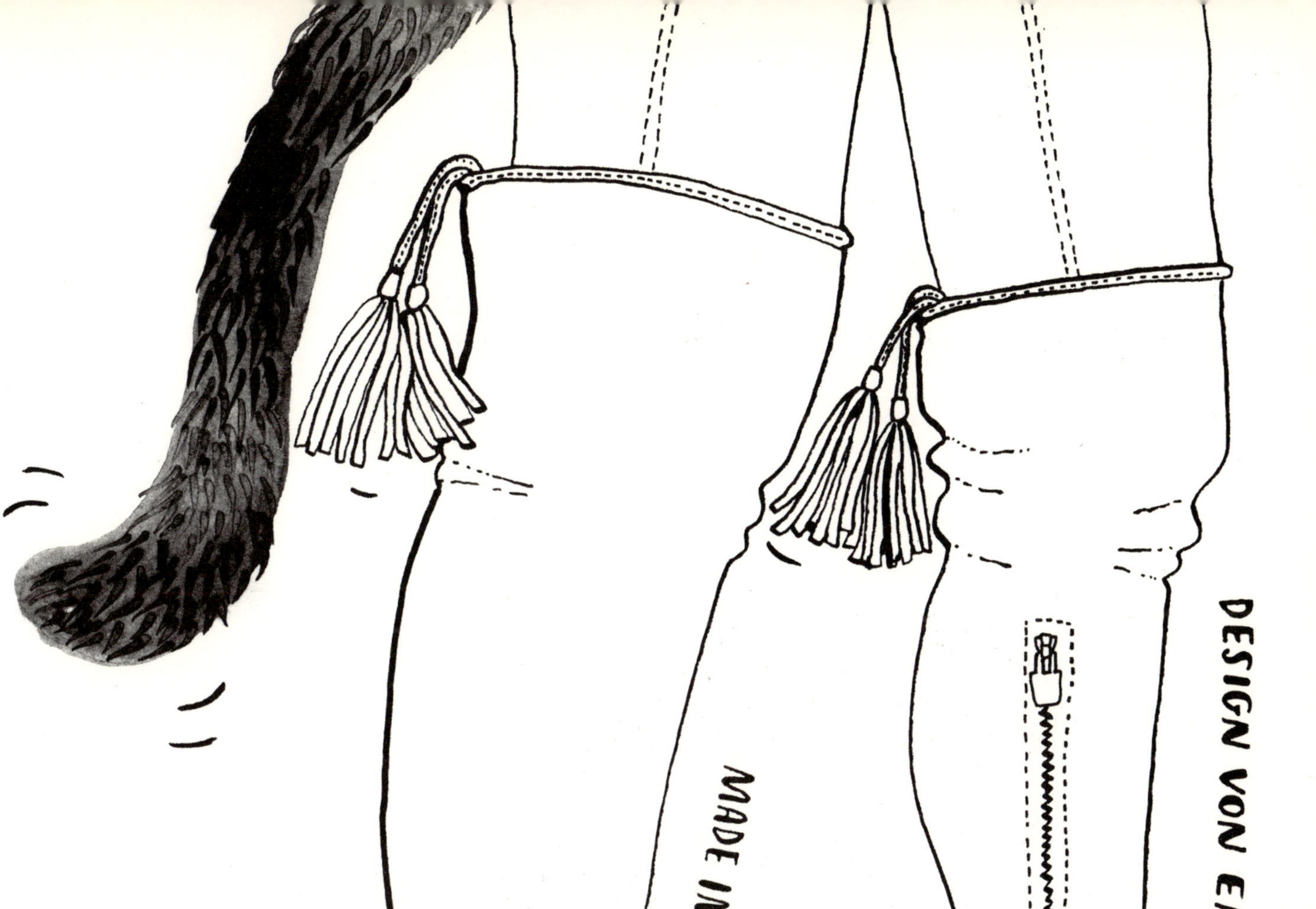

MODE-ARCHIV

COSTUME NATIONAL

MIEZE IN STIEFELN

WILDLEDER MIT QUASTEN

STIEFEL VON ELSA SCHIAPARELLI, 1938

MODE-ARCHIV

ENTWIRF

EINE TASCHE FÜR EIN SCHUHGESCHÄFT

8 COWBOYSTIEFEL

FINDE

DIE PASSENDEN PAARE

MODE-ARCHIV

1980's

COWBOYSTIEFEL AUS LEDER UND SATIN

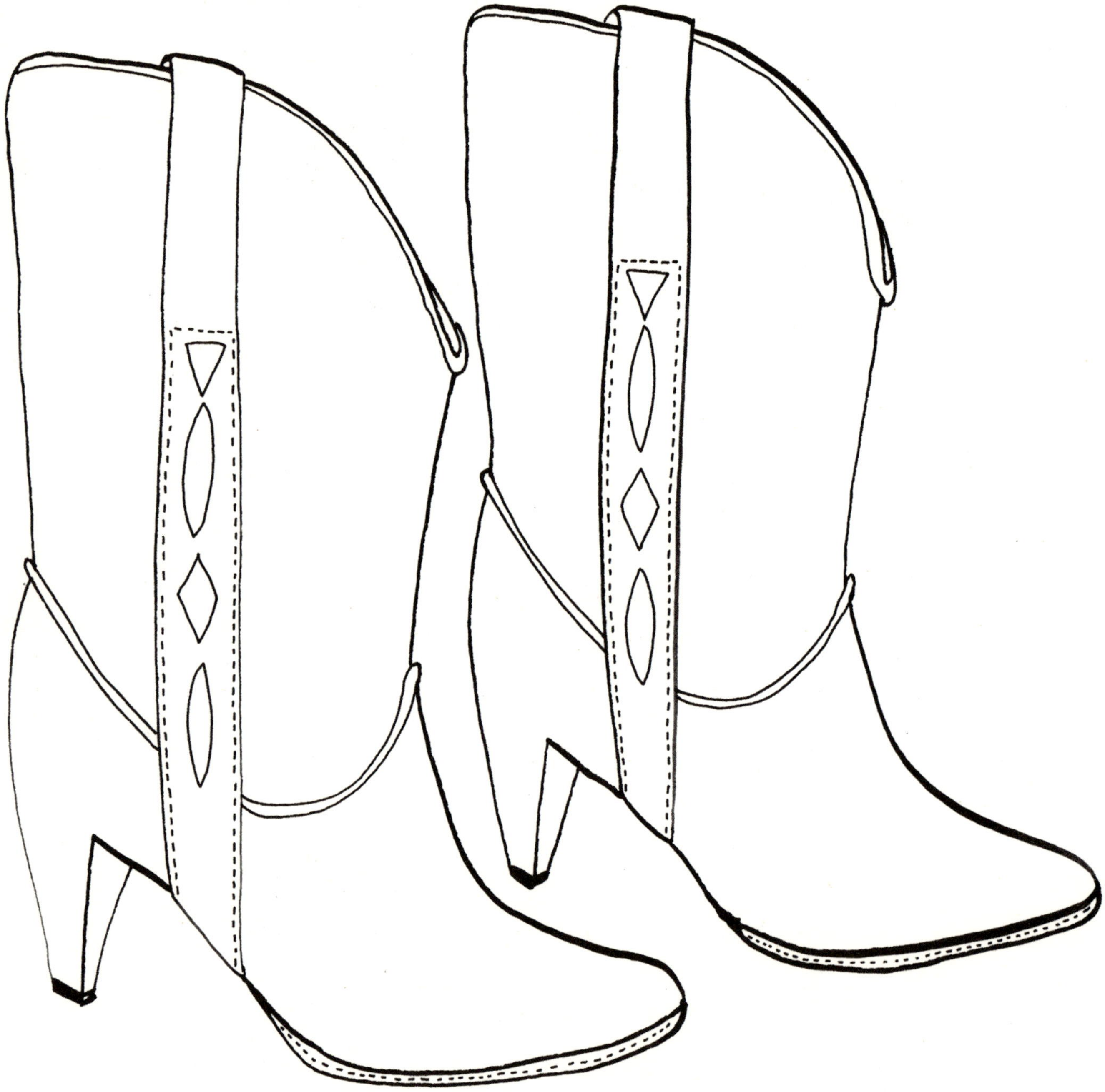

DESIGN VON CHARLES JOURDAN

Entwirf

EIN ÜBERRASCHENDES MUSTER FÜR DIESE LEGGINGS

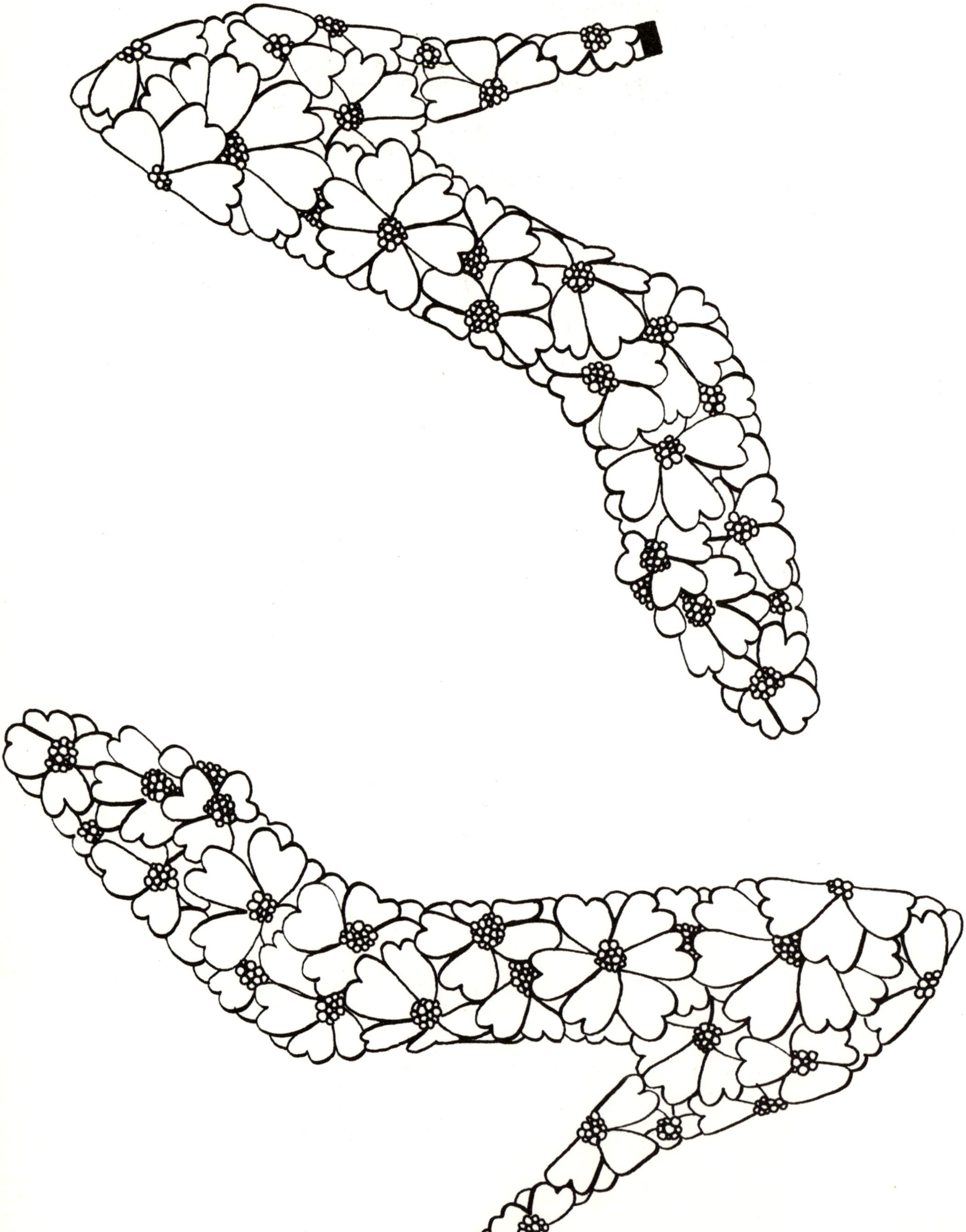

ENTWIRF

EINEN SCHUH...
MIT DEINER LIEBLINGSBLUME

SIEHST DU HIER LÜCKEN?
FÜLLE SIE MIT SCHMETTERLINGEN
UND
MARIENKÄFERN!

ZEICHNE EIN PAAR RINGE FÜR DIESE ZEHEN

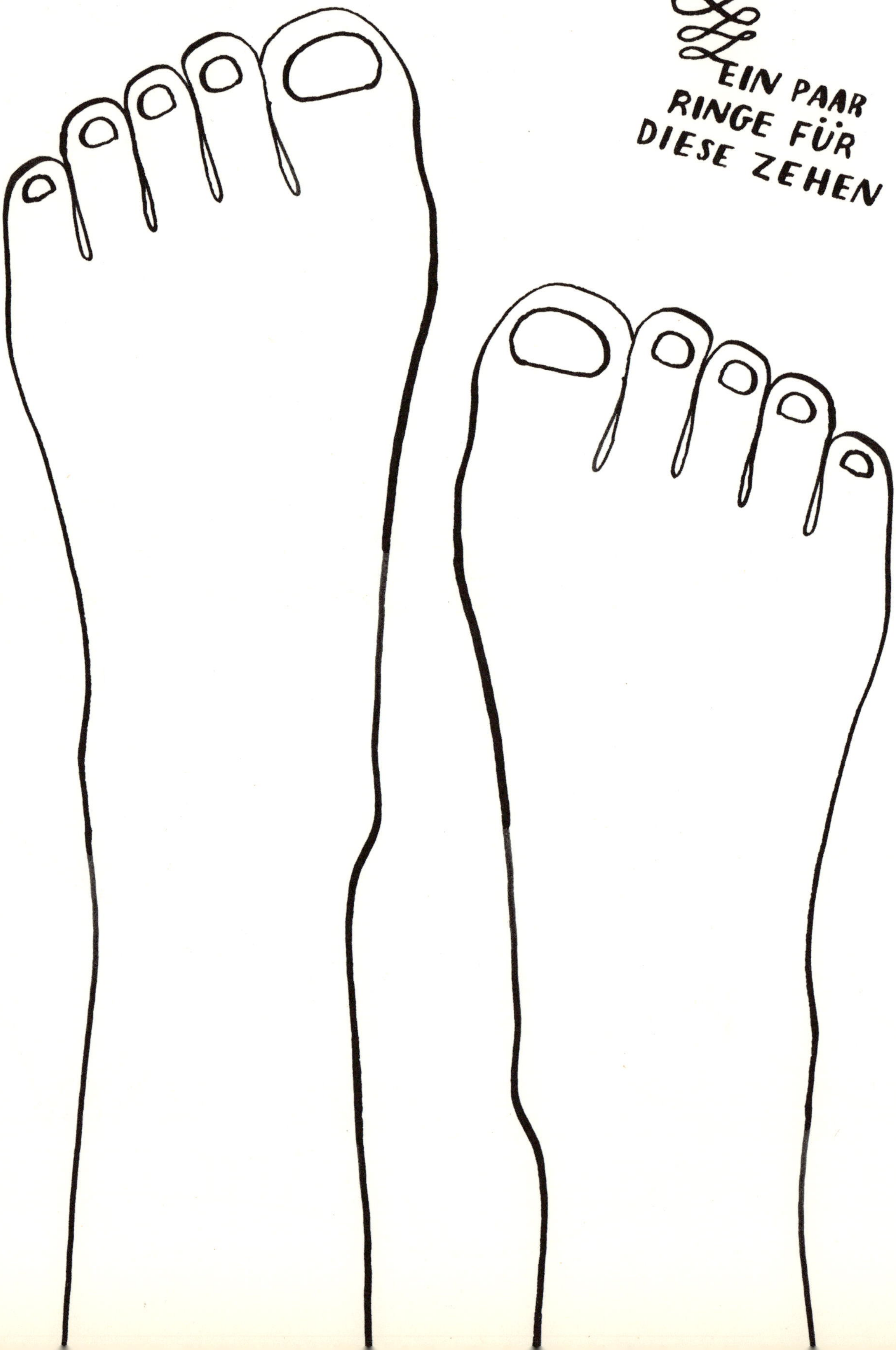

DER ZEHENKNOPF

HERGESTELLT VOR LANGER ZEIT

ANFANG DES 18. JAHRHUNDERTS

PLATEAUSCHUHE IM INDISCHEN STIL

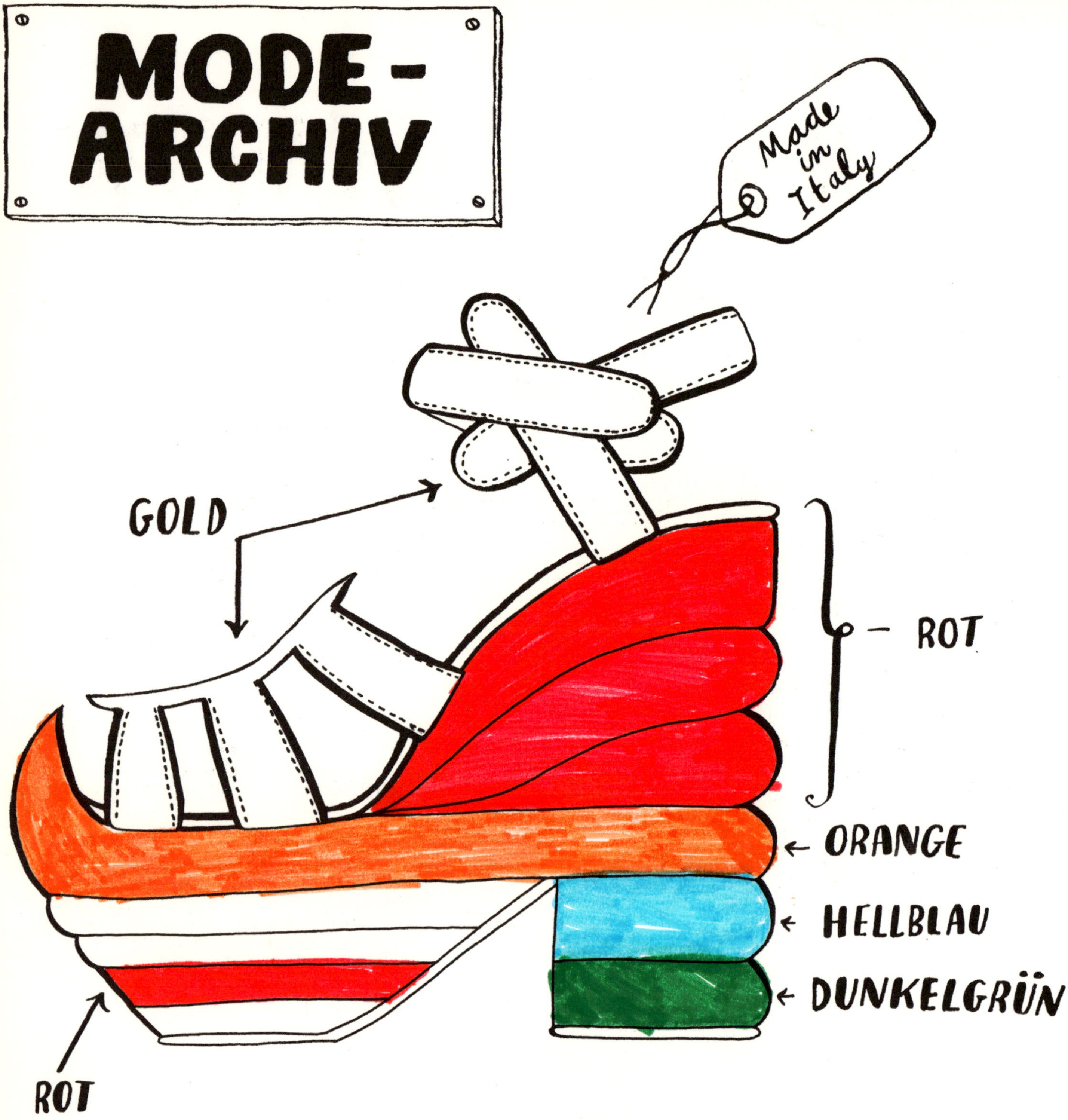

PLATEAUSCHUHE
DESIGN VON
SALVATORE FERRAGAMO, 1938

Zeichne

DIE HÖCHSTEN
PLATEAUSCHUHE
DER WELT

Entwirf

EIN MUSTER FÜR DIESES T-SHIRT-KLEID

WAS HAT DIESES
FRÖHLICHE
MÄDCHEN
AUF IHREM
T-SHIRT
?

ARMREIFEN
FLITTERZEUG
UND
GLASPERLEN...

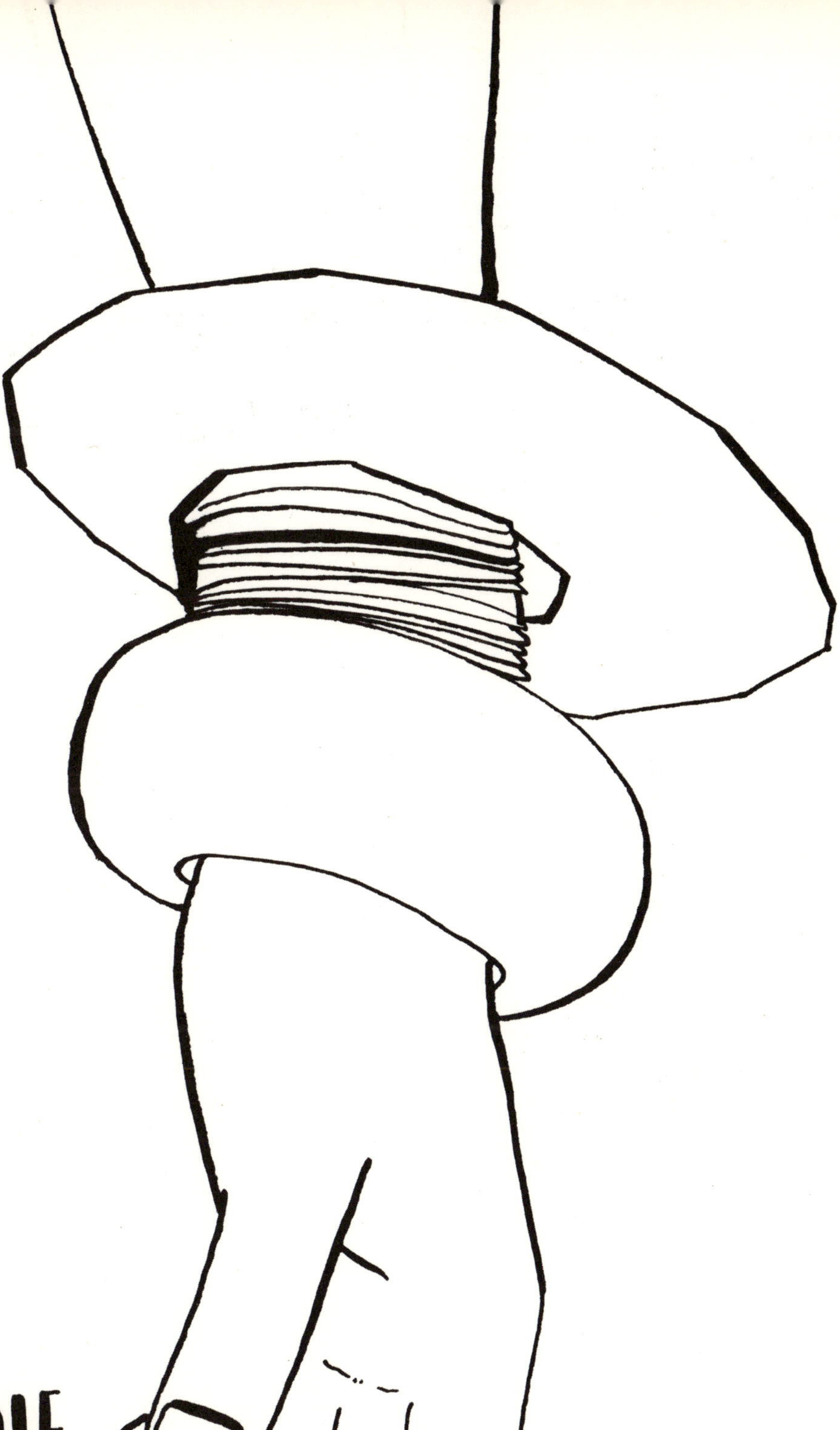

FÄRBE DIE
ARMREIFEN
EIN UND
VERSCHÖNERE SIE MIT PERLEN
UND
MUSTERN

zeichne...

EIN GESICHT, DAS ZU DIESEN BAUMELNDEN OHRRINGEN PASST

MACH

EIN

ARMBAND

AUS

AUFGEREIHTEN

KNÖPFEN

UND

STICKGARN

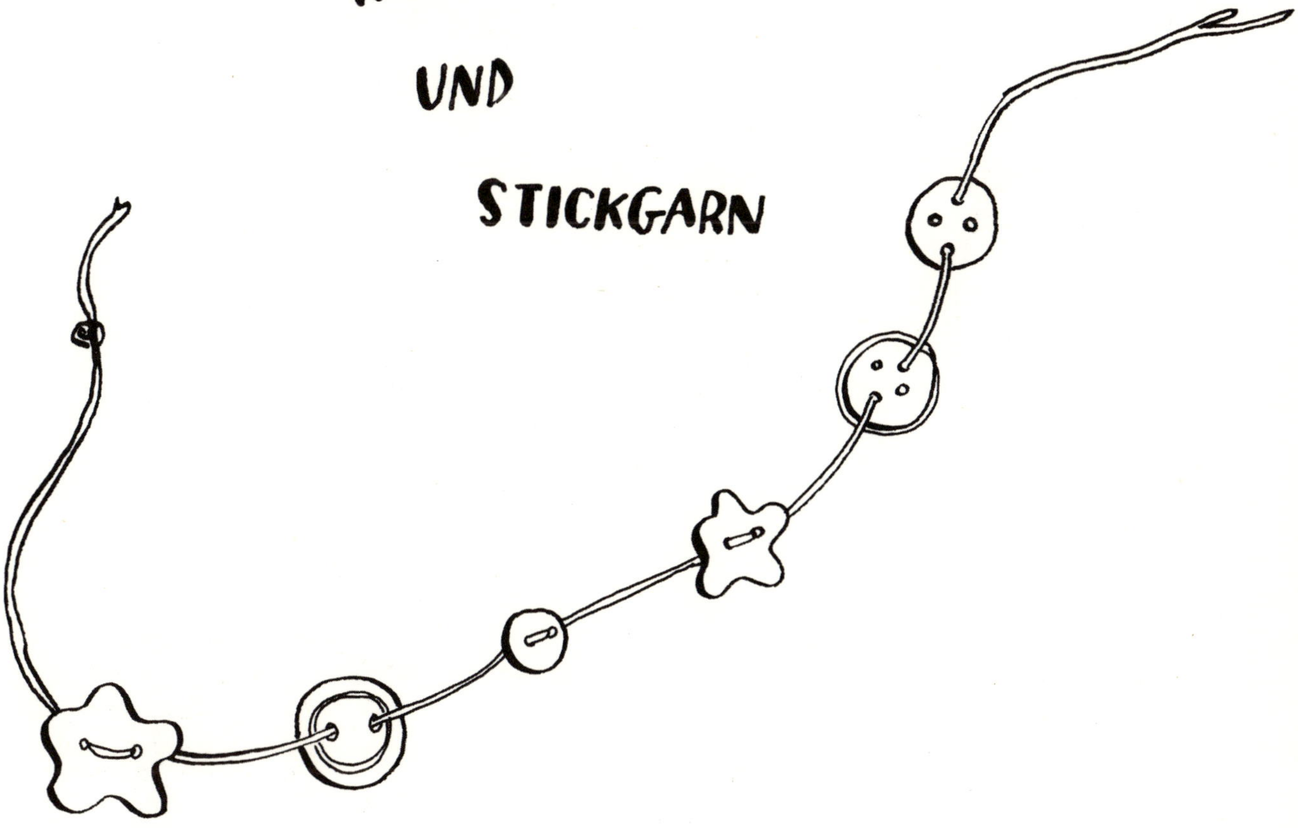

SO MACHST DU...

EINE QUASTE

①

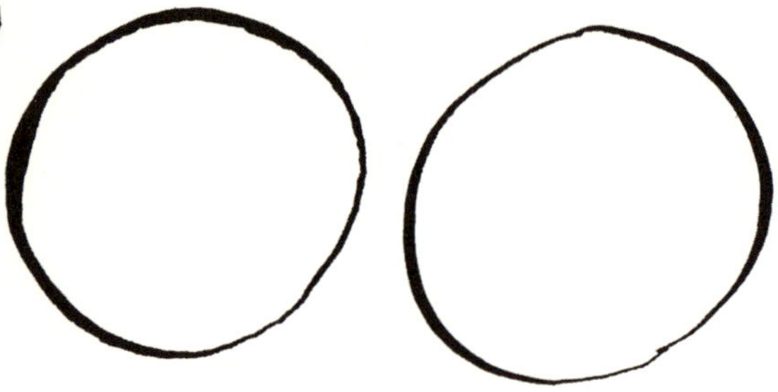

SCHNEIDE ZWEI
GLEICH GROSSE KREISE
AUS KARTON

②

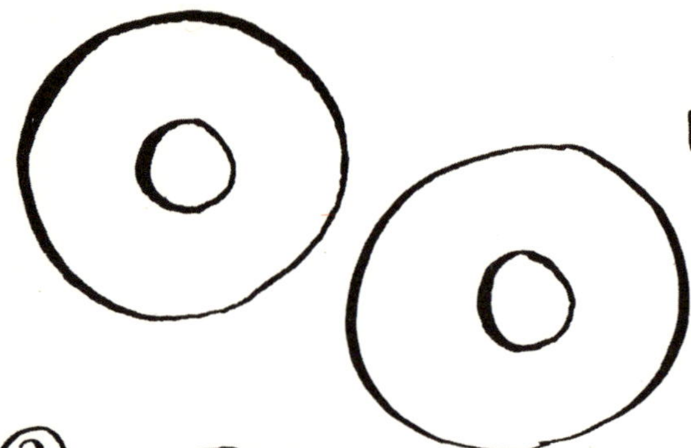

DANN SCHNEIDE
EINEN KLEINEREN KREIS
AUS DER MITTE
DES GROSSEN

③

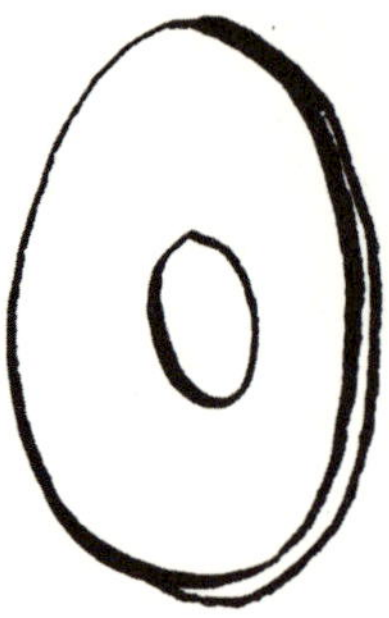

LEG BEIDE GROßEN
KREISE AUFEINANDER
UND ZIEH
GARN DURCH
DAS LOCH

AM BESTEN FÄDELST
DU DEN FADEN ZUERST
IN EINE NADEL EIN

④ MACH WEITER, BIS DU REICHLICH WOLLE UM DIE KREISE GEWICKELT HAST UND ES FAST UNMÖGLICH IST, DIE NADEL NOCH EINMAL DURCHZUSTECHEN

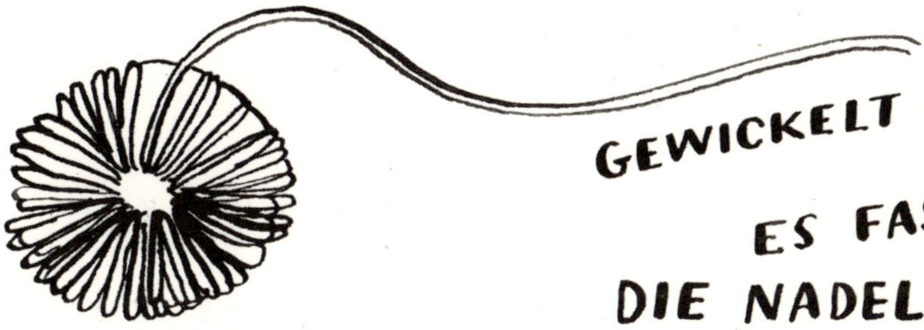

⑤

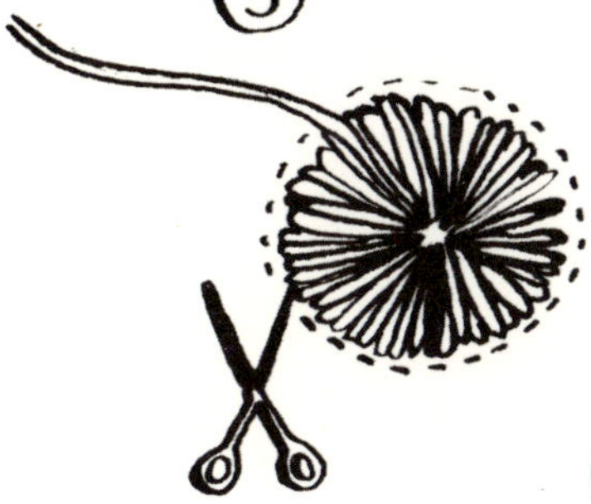

SCHNEIDE DIE WOLLE ZWISCHEN DEN KREISEN EIN

⑥

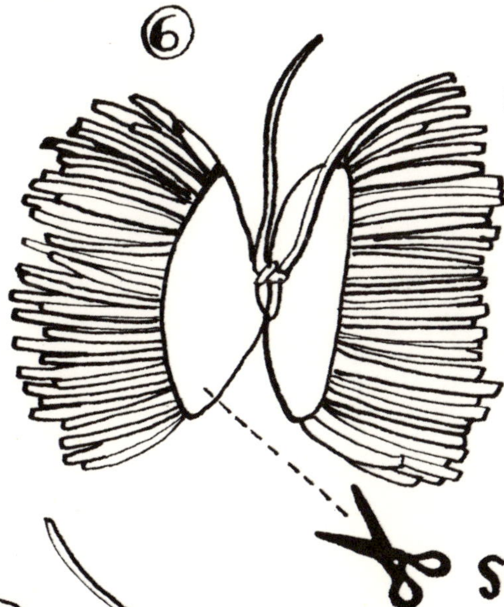

NIMM EIN SEPARATES STÜCK GARN UND BINDE EINEN FESTEN KNOTEN ZWISCHEN DEN KREISEN

SCHNEIDE DIE KREISE AB UND WIRF SIE WEG

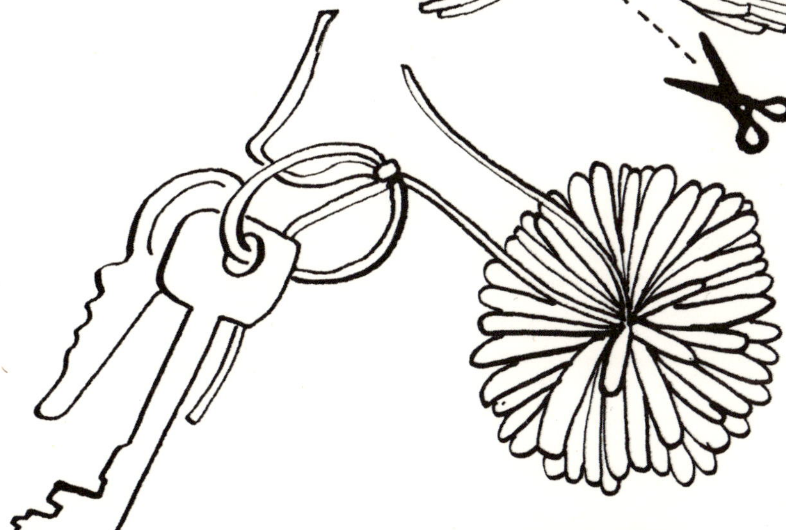

BINDE DIE QUASTE AN ANDERE DINGE

ZEICHNE EIN KLEID,

DAS GANZ AUS QUASTEN

BESTEHT

Entwurf

EIN MUSTER FÜR DIESE
TÜRKISCHEN PANTOFFELN

ÇARIK IST IHR TÜRKISCHER NAME

Auffallend an ihnen ist die
nach oben gebogene Spitze

FÜLLE DIESE BEIDEN SEITEN MIT VIELEN, VIELEN, VIELEN FUNKELNDEN DIAMANTEN

MODE-ARCHIV

DESIGN VON
ADRIAN

ZEICHNE DIE
FEHLENDEN PAILLETTEN

DER ZAUBERER VON OZ, 1939

GETRAGEN VON D_ _ _ _ _Y

ZEICHNE

EINEN HUT, DEN
DEINER MEINUNG NACH
EINE HEXE TRAGEN WÜRDE

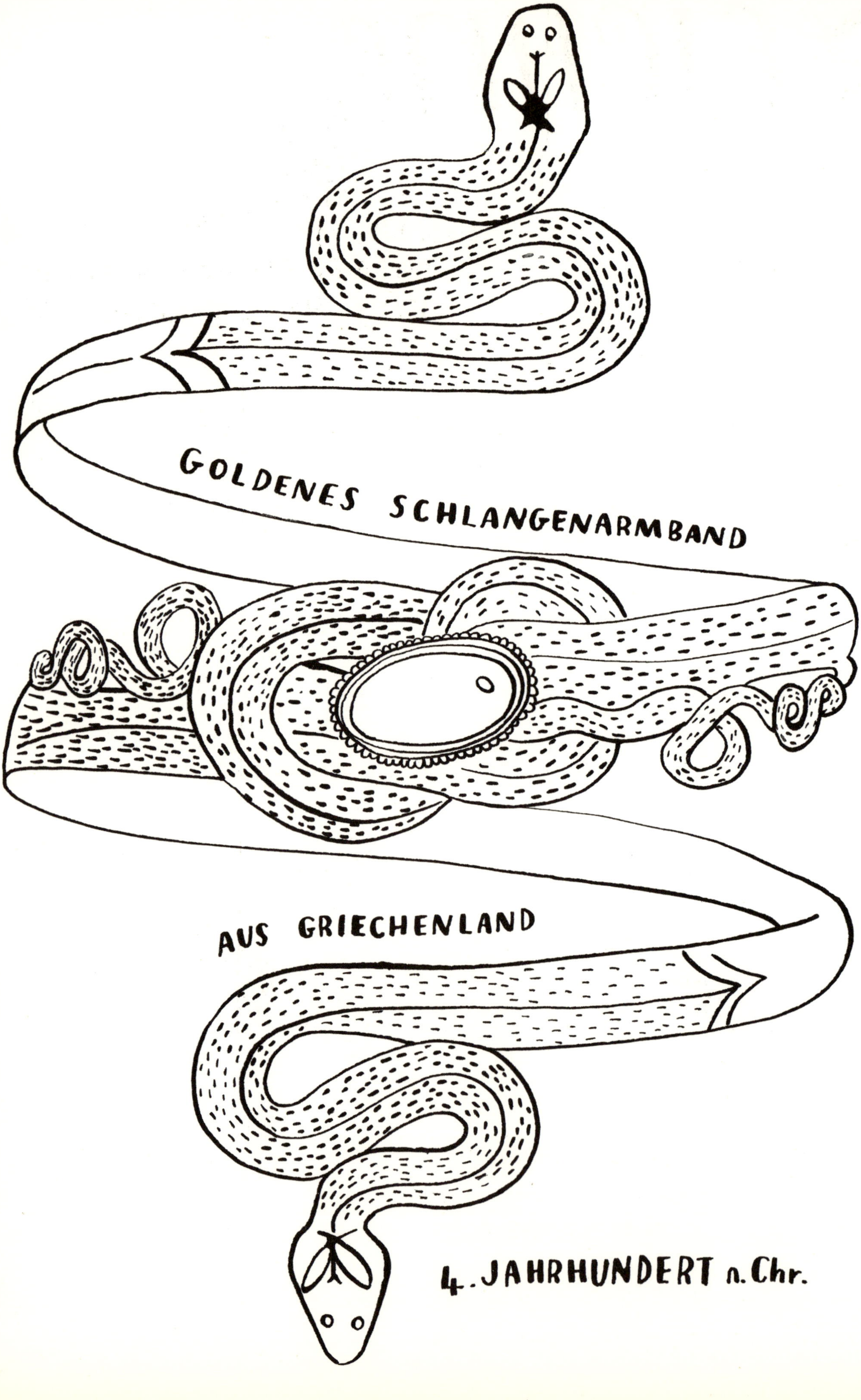
GOLDENES SCHLANGENARMBAND
AUS GRIECHENLAND
4. JAHRHUNDERT n. Chr.

ZEICHNE

HIER DEIN GESICHT EIN

FÄCHEROHRRINGE

DESIGN VON SHAUN LEANE

MACH

AUS DEINEN OHREN EINEN BLICKFANG!

zeichne

EINEN MANTEL GANZ
AUS FEDERN

Zeichne…

EIN ZAUBERHAFTES MUSTER FÜR DIESES KLEID

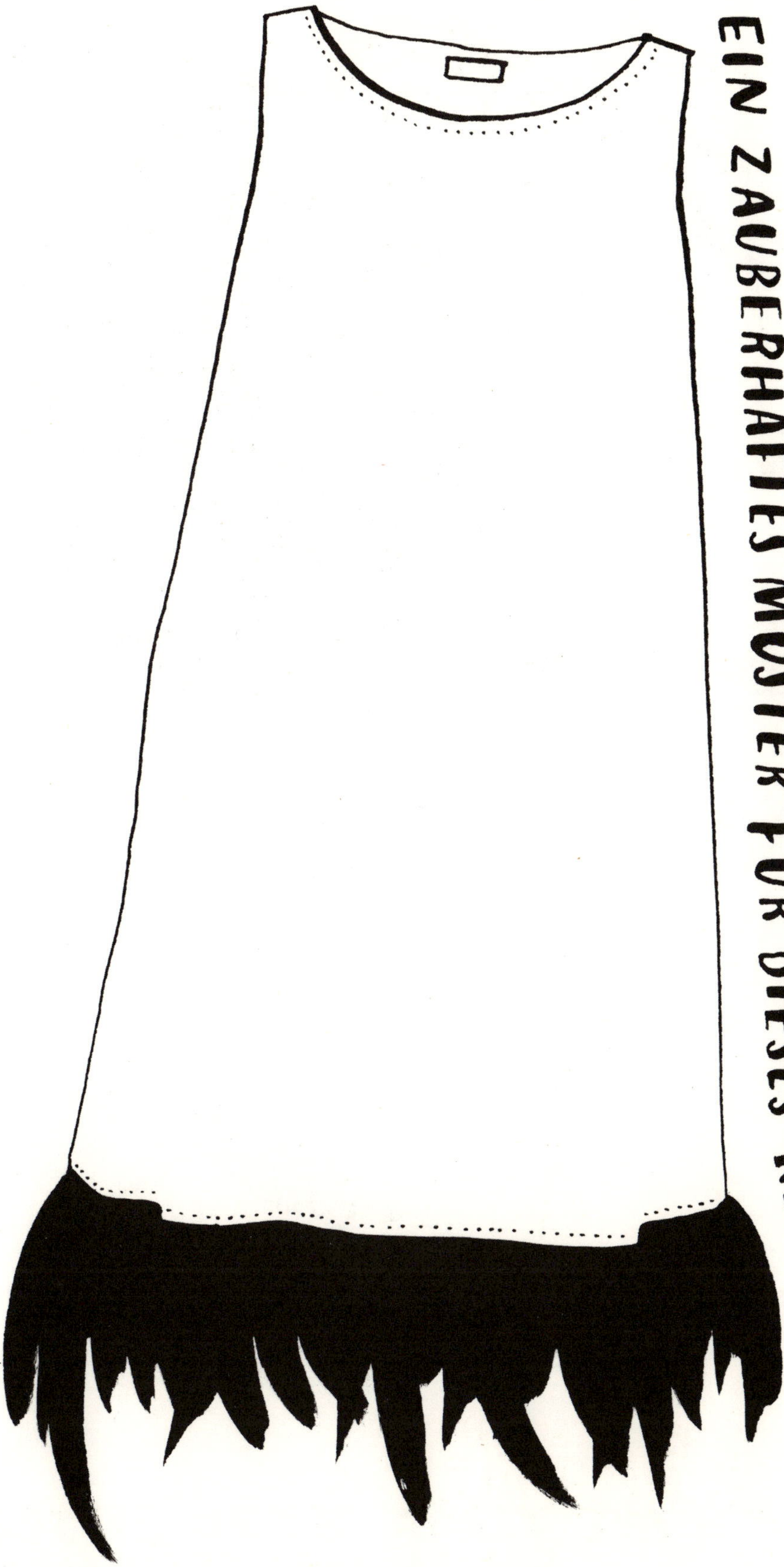

ZEICHNE

EINE TIARA, DIE ZU DIESER
ELEGANTEN DAME PASST

ZEICHNE EIN PAAR DIAMANTEN AUF DIESE TIARA

ICH WÄR SO GERN PRINZESSIN FÜR EINEN TAG!

BASTLE…

EINE TIARA AUS ZWEIGEN

ENTWIRF ...

EIN ZAUBERHAFTES MUSTER FÜR DIESE FEENFLÜGEL

Wenn du mit deinen Flügeln einkaufen gehen willst, dann ... tu es!

DIESES KLEINE MÄDCHEN
KANN ERST INS
BETT GEHEN,
WENN DU EIN
MUSTER
FÜR IHREN
PYJAMA
ZEICHNEST

ZEICHNE DEIN LIEBLINGSKLEID

NÄHEN

WIE MAN EINEN FADEN EINFÄDELT

① SCHNEIDE EIN STÜCK FADEN AB,
NICHT ZU LANG... NICHT ZU KURZ
ETWA 30cm SIND EINE GUTE LÄNGE

② LECKE DAS ENDE DES
FADENS AB, DEN DU INS NADELÖHR
EINFÄDELN WILLST,
DAS MACHST ES
EINFACHER

DIESES
„AUGE" HEIẞT
NADELÖHR

 SCHAU!

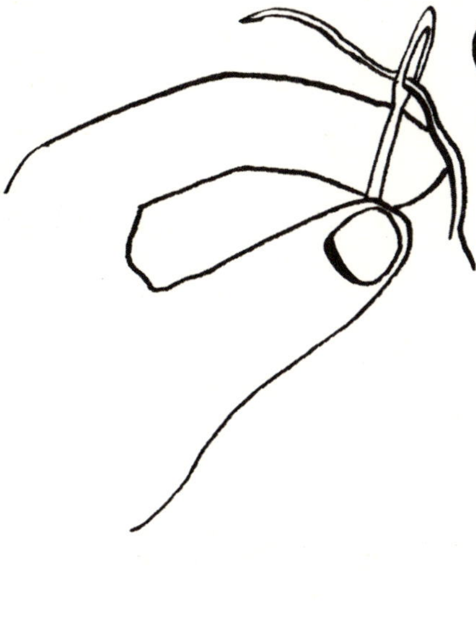

③ SCHIEB DEN FADEN
DURCHS NADELÖHR

④ BINDE EINEN KNOTEN INS
ANDERE ENDE DES
FADENS

JETZT BIST DU GEWAPPNET UND BEREIT ZUM NÄHEN!

STICH-TECHNIKEN

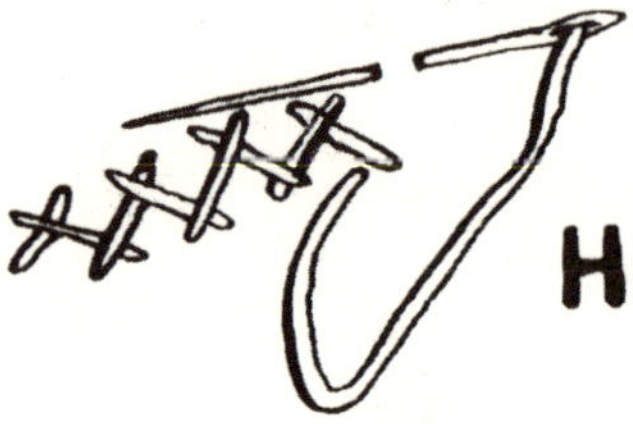

HEXENSTICH

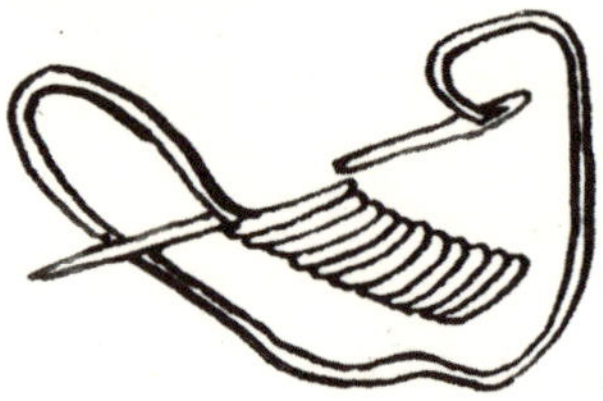

PLATTSTICH

RÜCKSTICH, STEPPSTICH

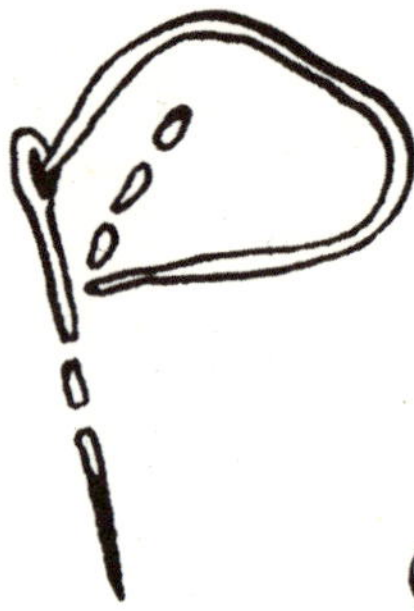

VORSTICH, HEFTSTICH

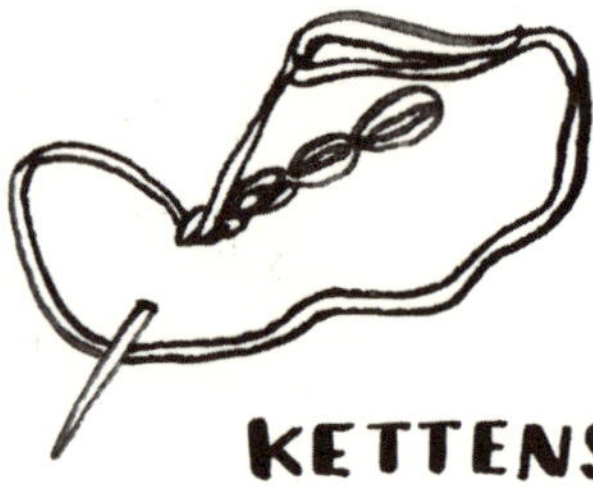

KETTENSTICH

SCHWERTSTICH

GEDREHTER KETTENSTICH

VERSCHLINGSTICH

KREUZSTICH

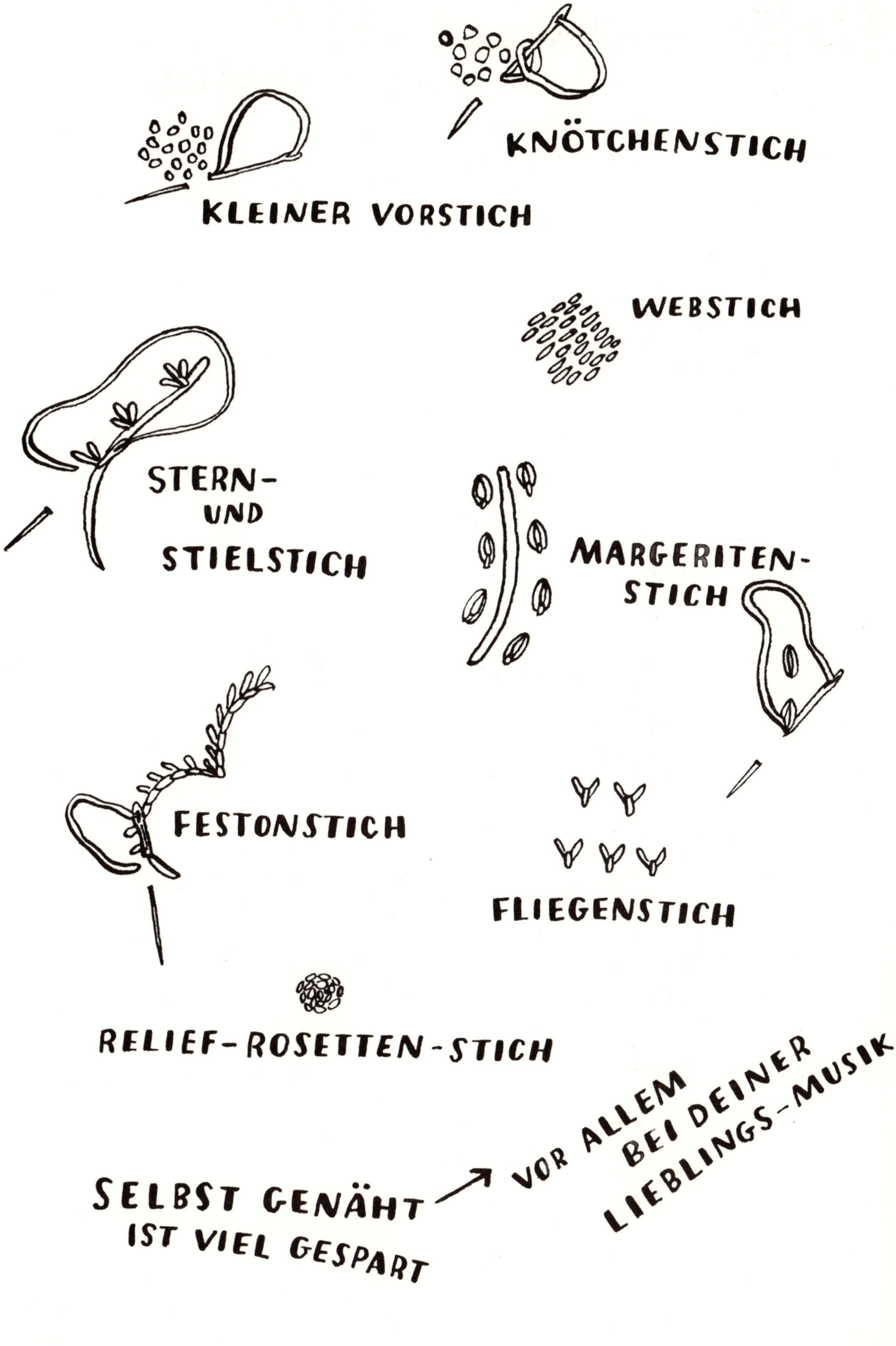

KNÖTCHENSTICH
KLEINER VORSTICH
WEBSTICH
STERN- UND STIELSTICH
MARGERITEN-STICH
FESTONSTICH
FLIEGENSTICH
RELIEF-ROSETTEN-STICH
SELBST GENÄHT IST VIEL GESPART
VOR ALLEM BEI DEINER LIEBLINGS-MUSIK

Halte AUSSCHAU NACH ALTEN SCHNITT-MUSTERN

Oft sind sie

INTERESSANTER ALS NEUE

ENTWIRF

EIN WUNDERSCHÖNES
und UMWERFENDES MUSTER
FÜR JEDEN KNOPF

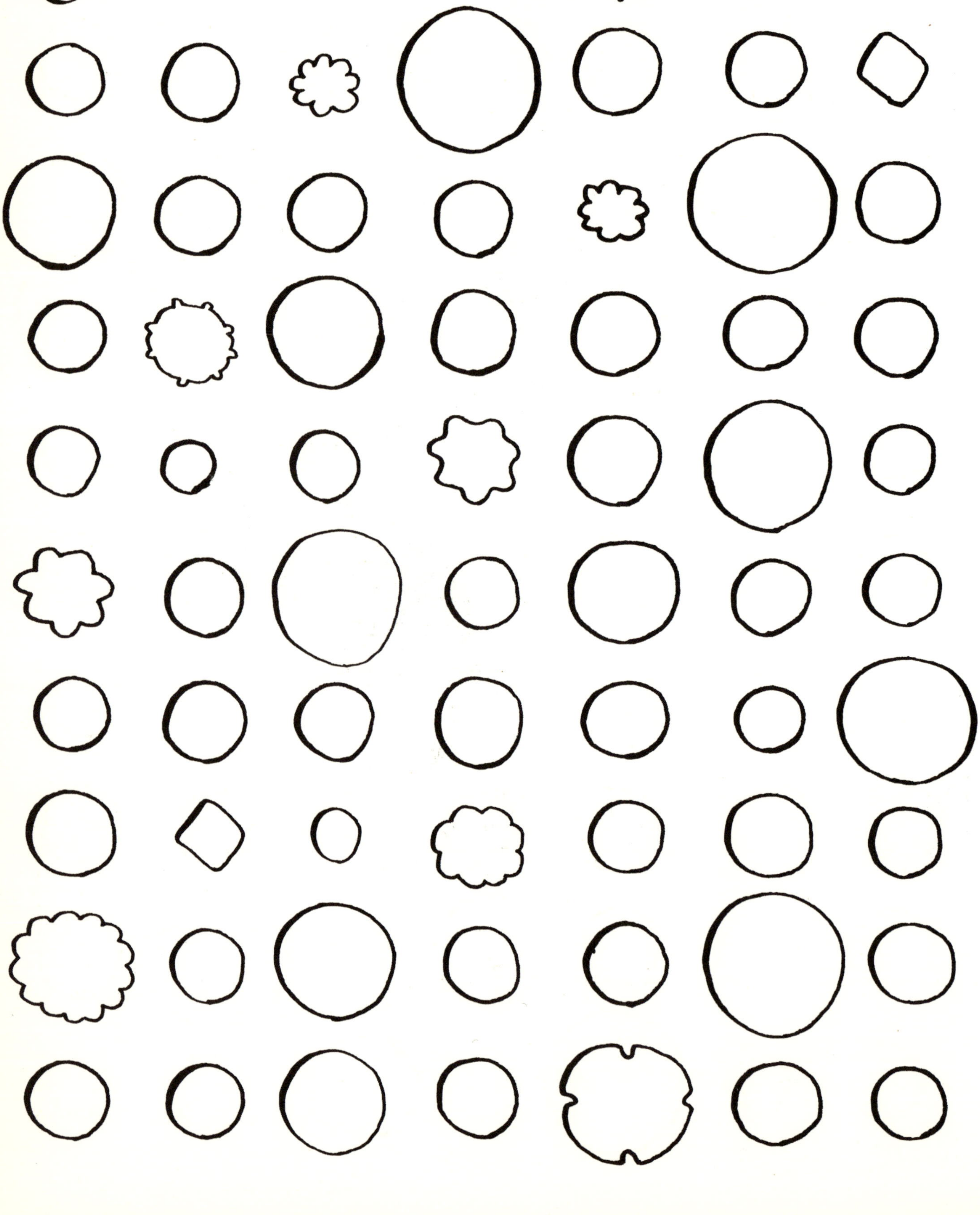

VERWANDLE

JEDEN IN EIN KLEINES MEISTERWERK

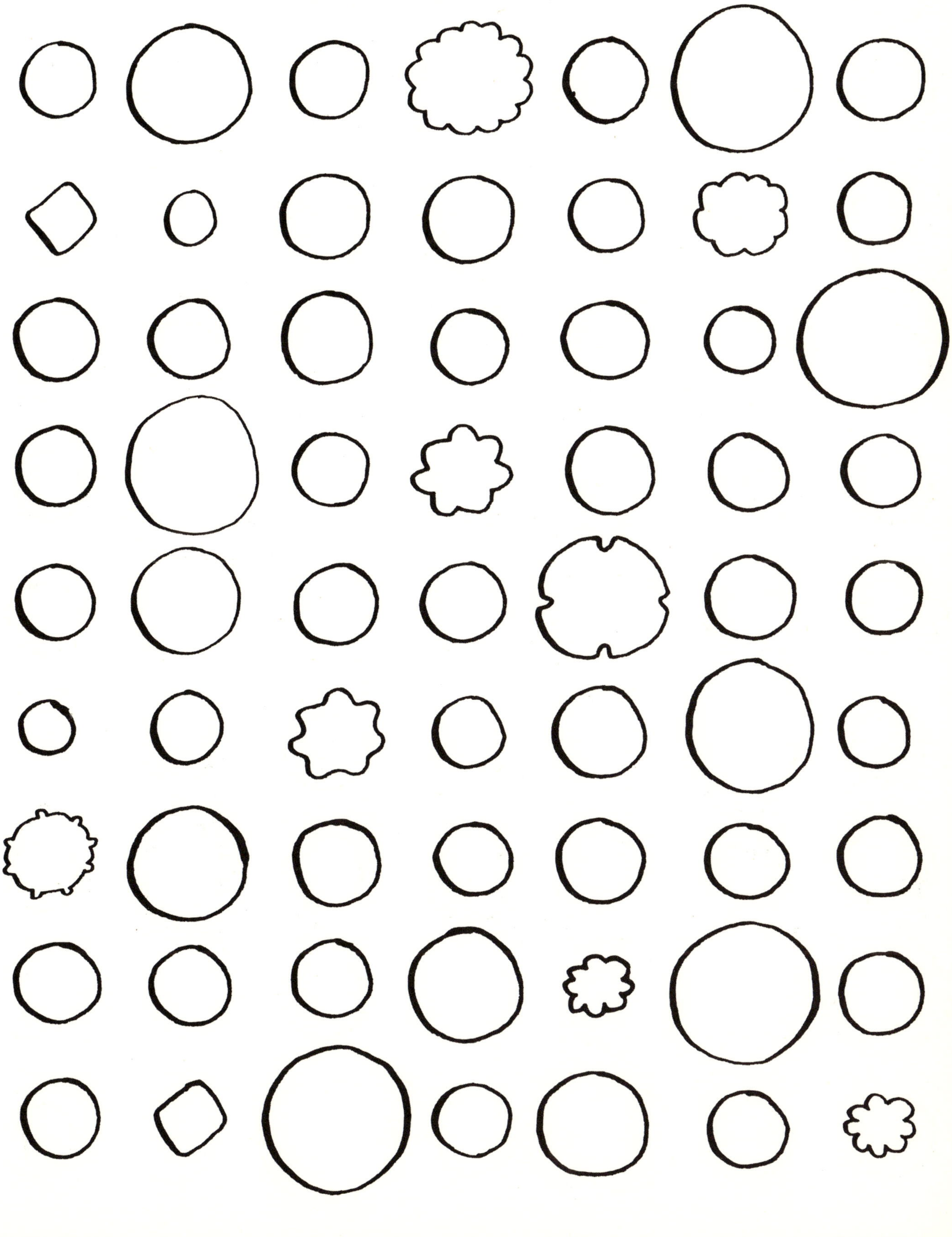

ZEICHNE

ALLES, WAS DU IN DER TASCHE HAST

Zeichne

DEIN LIEBLINGS-HANDSCHUHPAAR

ENTWIRF

WINZIGE KUNSTWERKE FÜR DIESE FINGERNÄGEL

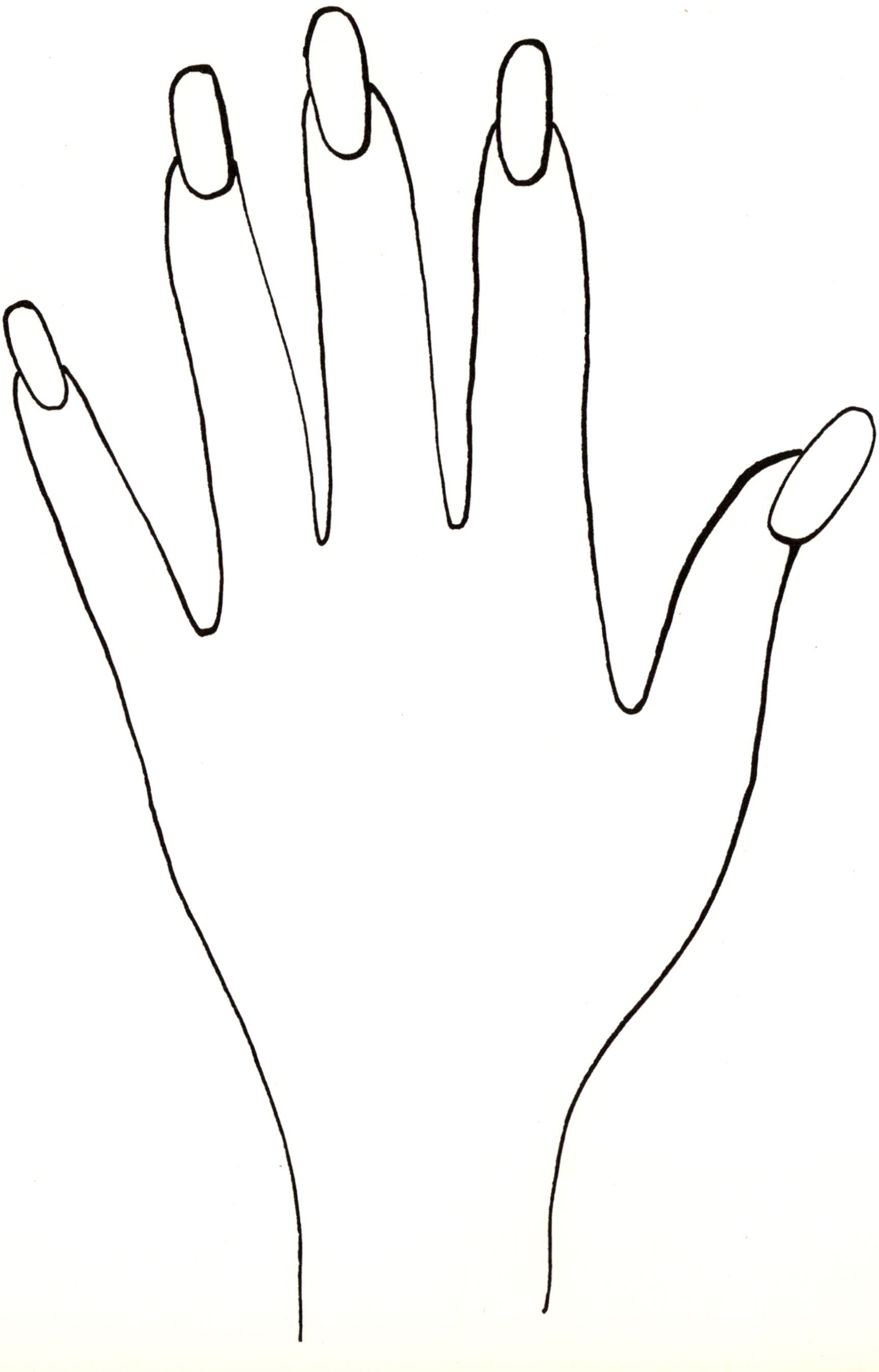

LACKIERE SIE AUSSERGEWÖHNLICH

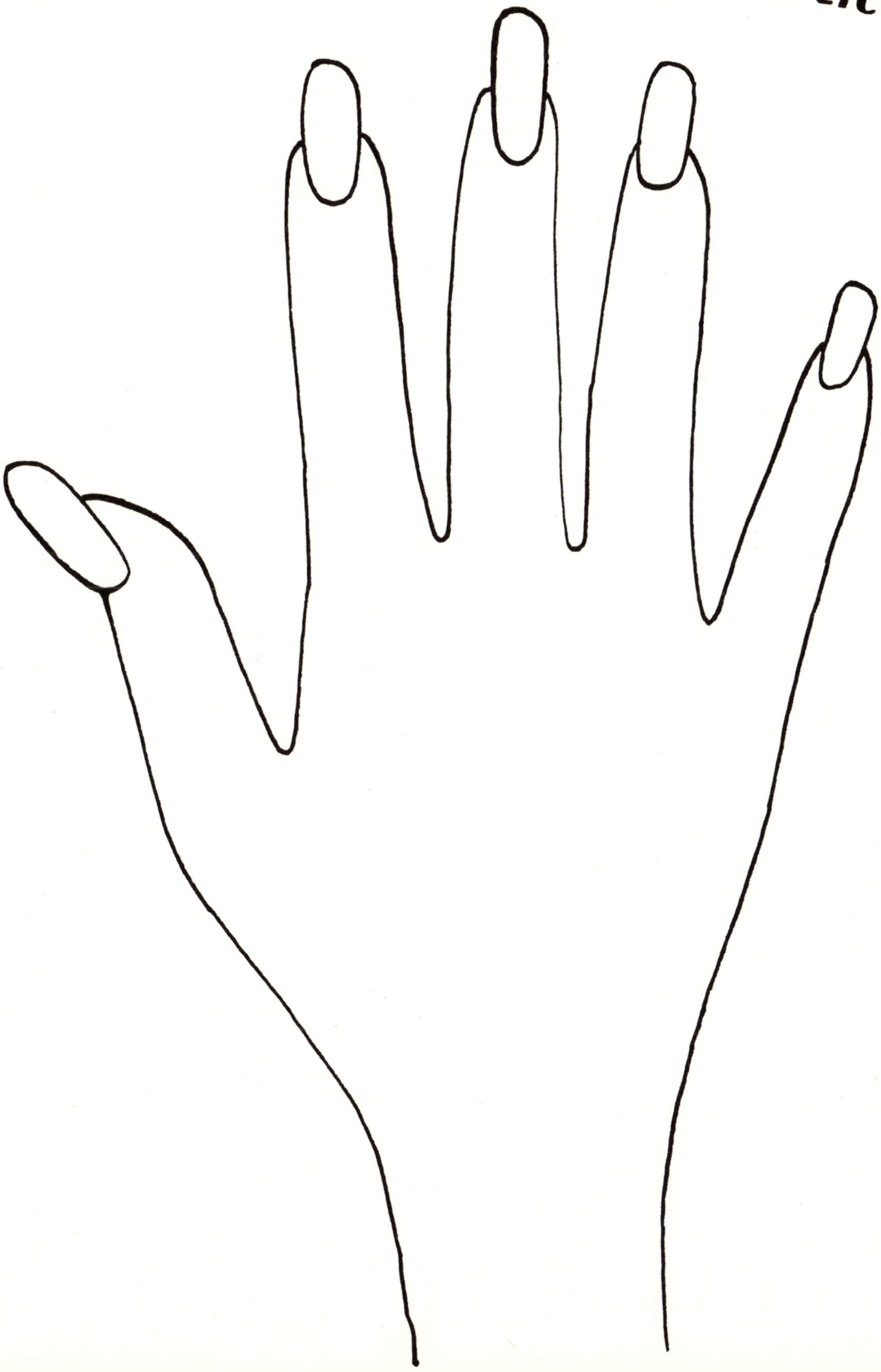

ENTWIRF

DEINE EIGENEN NAGELKUNSTWERKE!

MACH AUS JEDEM EIN WINZIGES WUNDER

Augen sind Spielgel der Seele
SIE KÖNNEN BETÖREND, SELTSAM ODER MIT FALSCHEN WIMPERN EINFACH GRUSELIG AUSSEHEN
Wimpern-Kleber
VIKTOR & ROLF FÜR SHU UEMURA

iPD이쁘다

WIMPERN KLIMPERN!

ZEICHNE EIN PAAR AUFFALLENDE WIMPERN AN DIESE AUGEN

BEMAL DIESE AUGEN,
BIS SIE WAS TAUGEN !

ENTWIRF EIN SPEKTAKULÄRES MAKE-UP FÜR DIESES HÜBSCHE MÄDCHEN
SEI ERFINDERISCH MIT GLITZERSTIFTEN, PAILLETTEN und PERLEN

STECK DIR EINE PFAUENFEDER INS HAAR

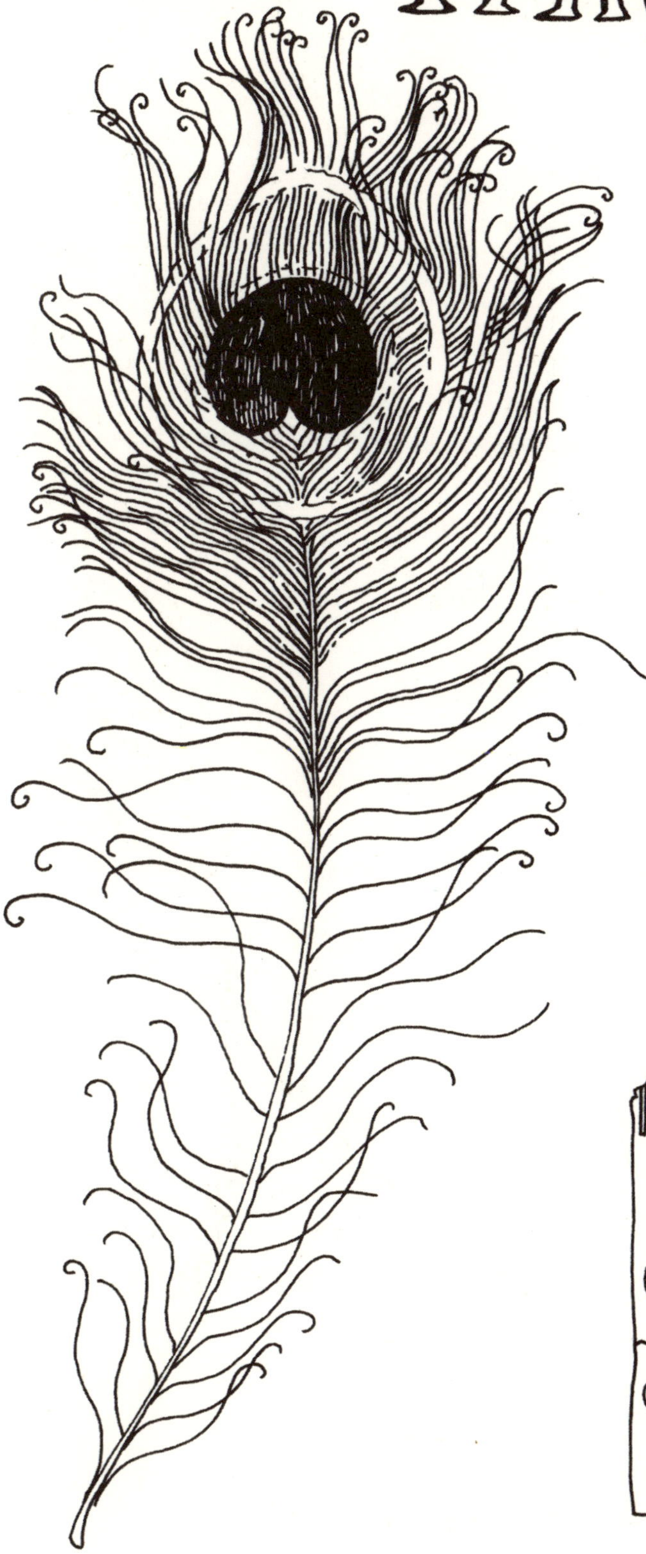

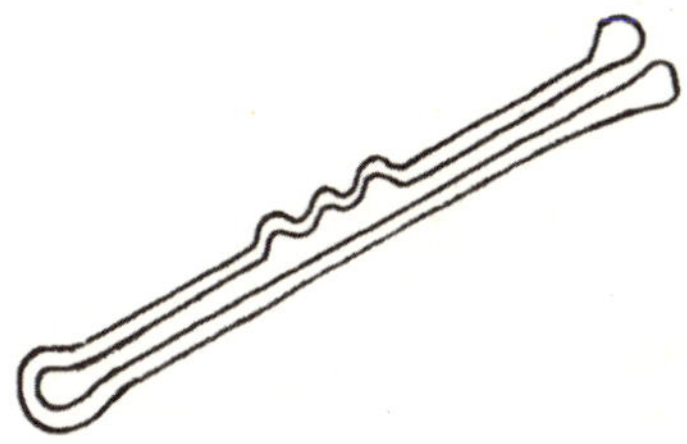

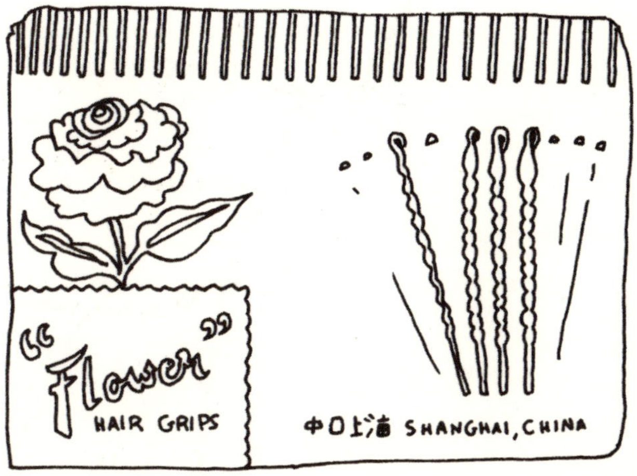

ICH ♡
MEINEN AFROLOOK

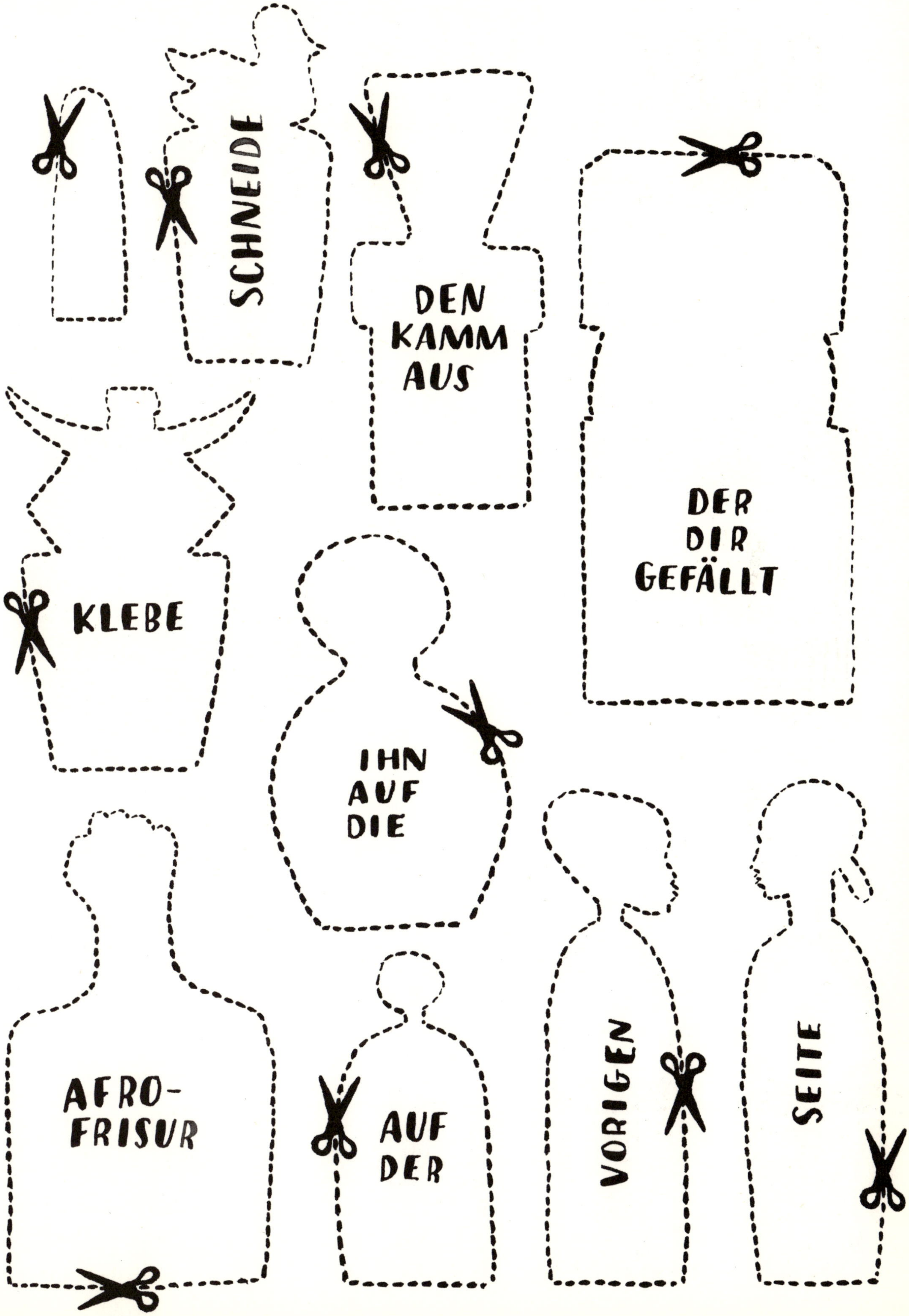

SCHNEIDE
DEN KAMM AUS
DER DIR GEFÄLLT
KLEBE
IHN AUF DIE
AFRO-FRISUR
AUF DER
VORIGEN
SEITE

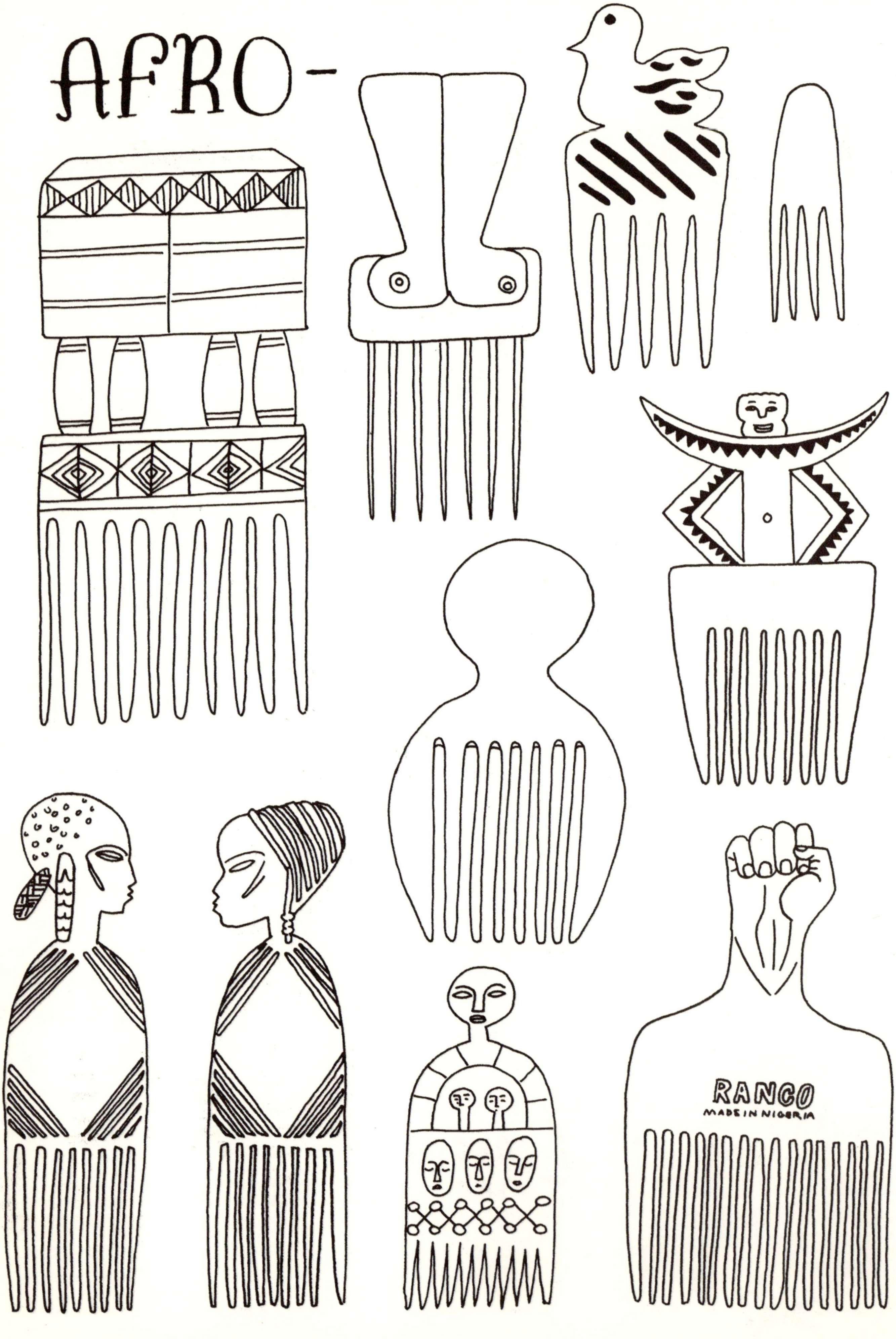
AFRO-
RANCO
MADE IN NIGERIA

KÄMME

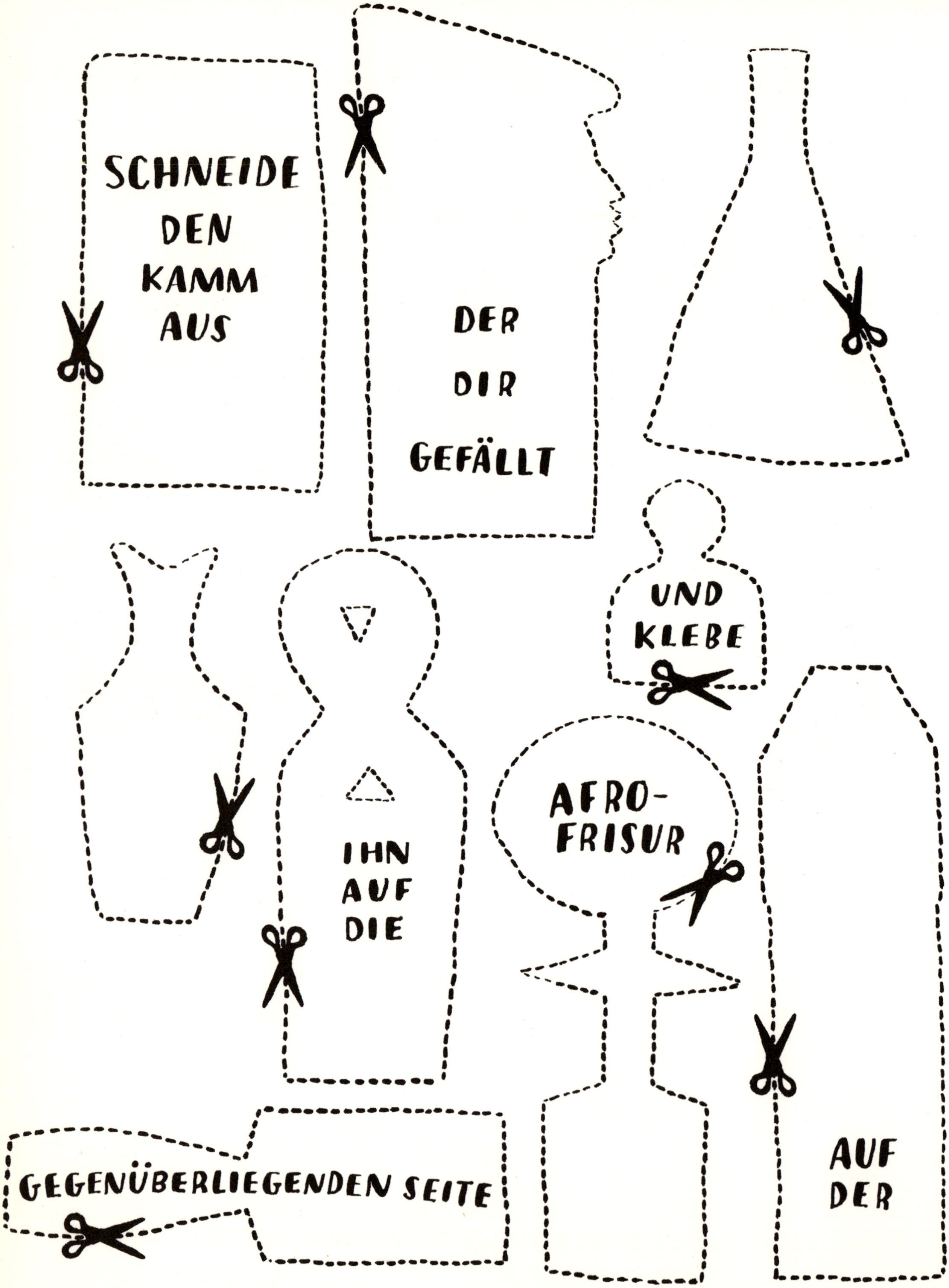
SCHNEIDE DEN KAMM AUS
DER DIR GEFÄLLT
UND KLEBE
IHN AUF DIE
AFRO-FRISUR
AUF DER
GEGENÜBERLIEGENDEN SEITE

WIE WÜRDEST DU MIT AFROFRISUR AUSSEHEN ?

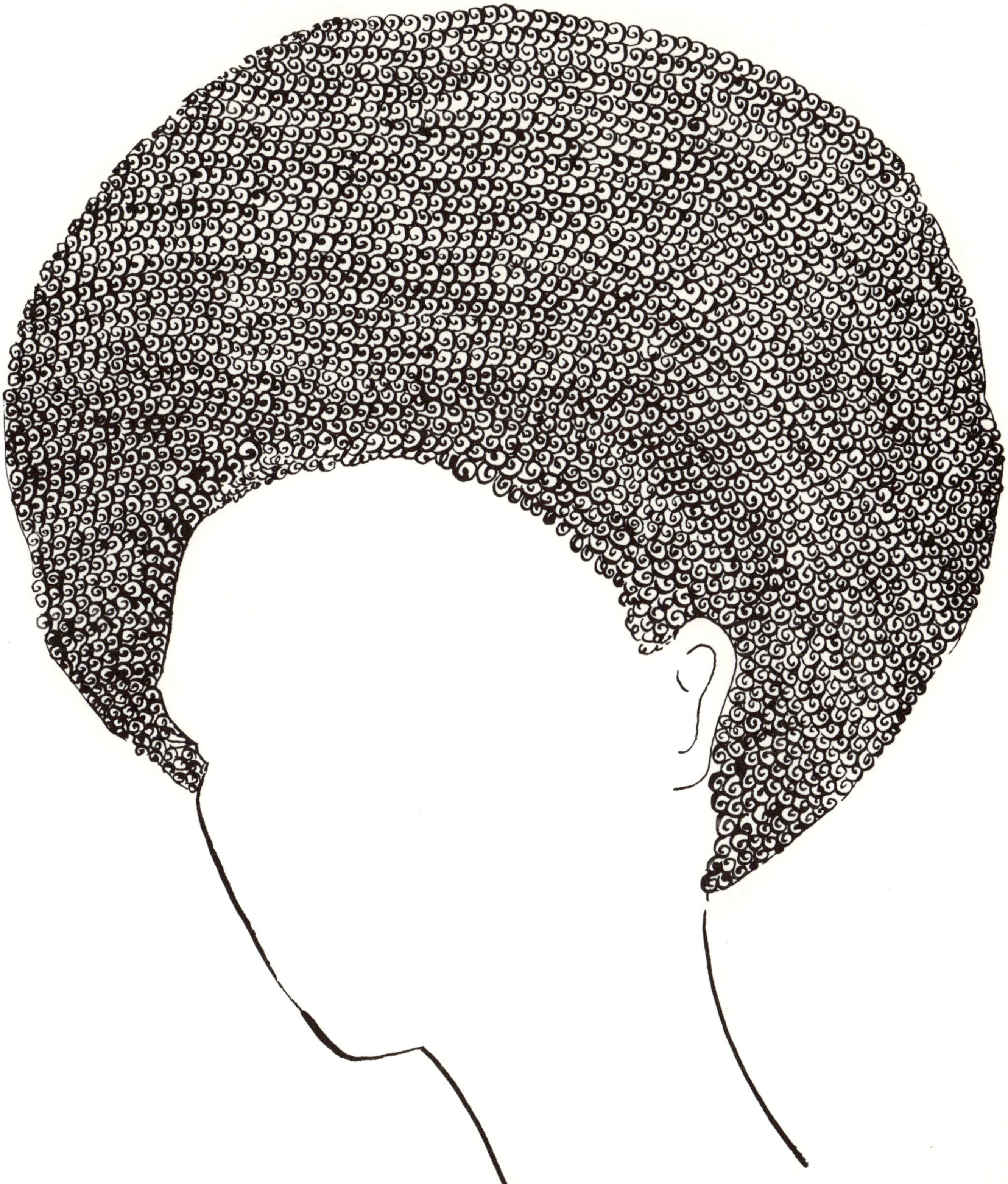

ZEICHNE HIER DEIN GESICHT EIN, DANN SIEHST DU ES !

HEUTE SO
MORGEN SO

VOLLENDE DIE ZEICHNUNG
DIESER SCHÖNEN
AFROFRISUR

Zeichne

EINE PUDELMÜTZE FÜR
DIESES MÄDCHEN
MIT RIESIGEM POMPON —
ODER AUCH NICHT

ZEICHNE DEN PASSENDEN SCHAL

ZU JEDER PUDELMÜTZE

HUT AB
VOR DEN MÄDCHEN !

FÄRBE,
VERZIERE UND
VERSCHÖNERE DIESE HÜTE
NACH DEINEM GESCHMACK

ZEICHNE

DAS MÄDCHEN
UNTER
DEM HUT

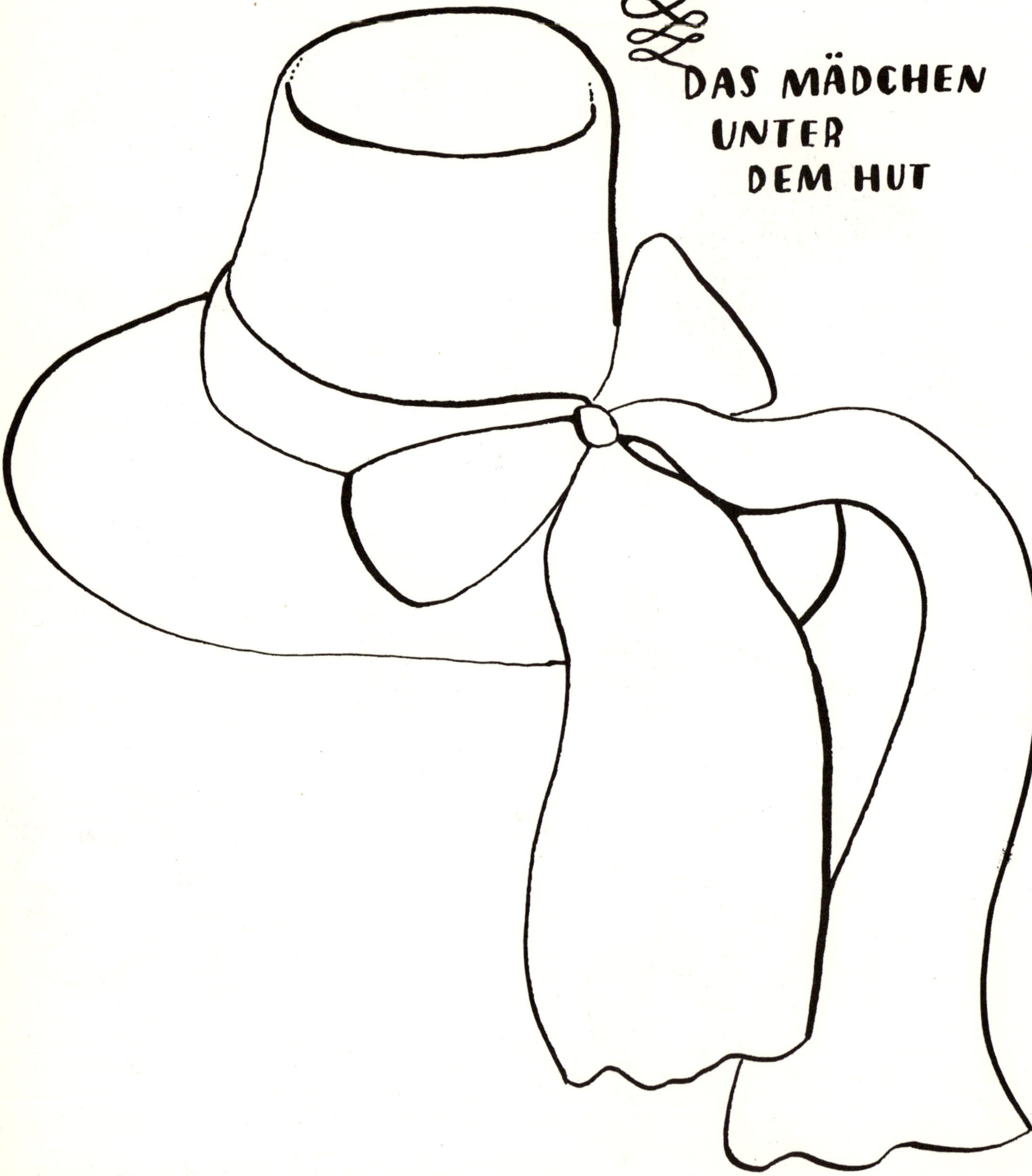

Zeichne

EIN KOPFTUCH FÜR DIESES MÄDCHEN

IRGENDWO IN DIESEM BUCH IST EINE SEITE MIT EINEM UMRISS ZUM AUSSCHNEIDEN UND AUFKLEBEN...
HIER

ZEICHNE

DEINEN LIEBLINGSHUT

Rotkäppchen
FÄRBE DIESEN
KAPUZENPULLOVER SCHARLACHROT, ZINNOBERROT,
PURPURROT, KARMESINROT, KIRSCHROT
ODER
GANZ EINFACH ROT

WENN DAS WETTER DRAUSSEN MIES IST,

DANN SPANN EINEN SCHIRM AUF, DER DICH AUFMUNTERT

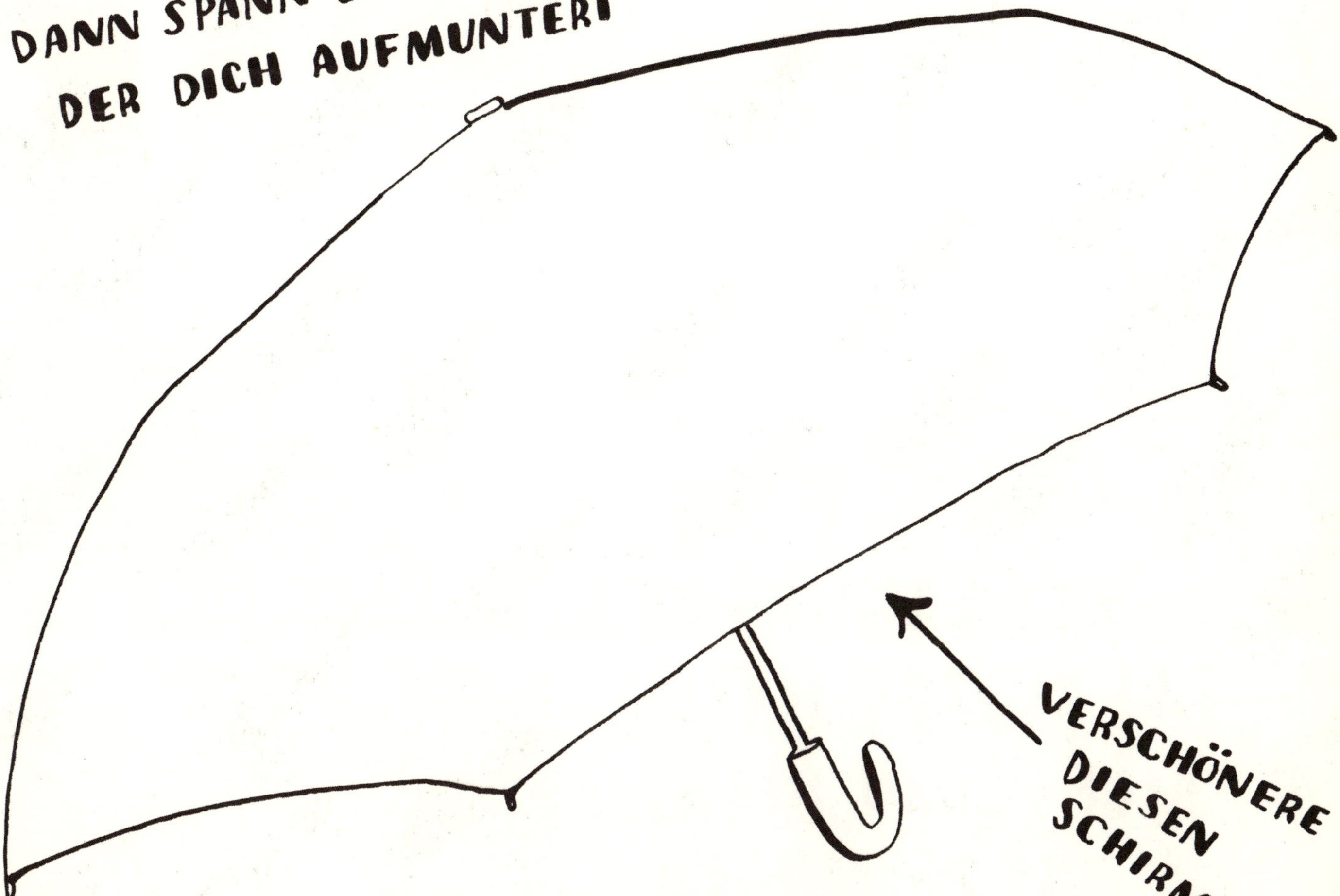

VERSCHÖNERE DIESEN SCHIRM

REGENWOLKEN,
IHR DÜRFT GIESSEN,
MIR KÖNNT IHR NICHT
DEN TAG VERMIESEN!

PLITSCH! PLATSCH!

MALE NOCH EIN PAAR REGENTROPFEN AUF DIESE SEITE

EINS DÜRFT IHR NIE VERGESSEN, MÄDELS …

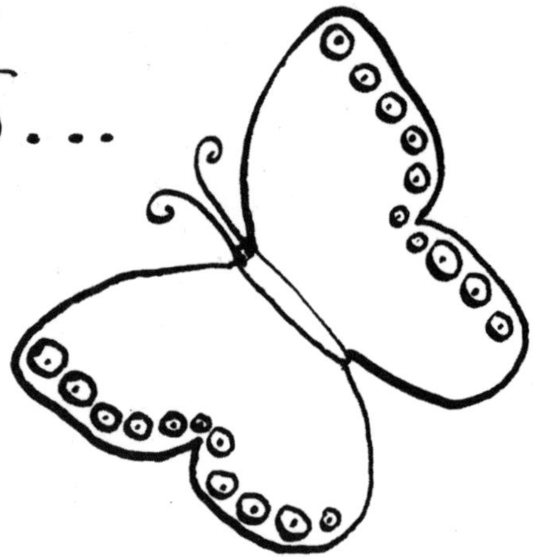

WENN
IHR EUCH
gut
DARIN FÜHLT
TRAGT ES!

QUELLEN

(in der Reihenfolge des Erscheinens)

ELSA SCHIAPARELLI
MARIMEKKO – www.marimekko.fi/eng
MARC JACOBS – www.marcjacobs.com
VIVIENNE WESTWOOD – www.viviennewestwood.com
HUSSAIN CHALAYAN – www.husseinchalayan.com
TOKIO KUMAGAÏ
MILENA SILVANO – www.at-the-treehouse.com
A'N'D – www.azumianddavid.com
ROGER VIVIER – www.rogervivier.com
COSTUME NATIONAL – www.costumenational.com
CHARLES JOURDAN
SALVATORE FERRAGAMO – www.salvatoreferragamo.it
ADRIAN
SHAUN LEANE – www.shaunleane.com
SHU UEMURA – www.shuuemura-usa.com
VIKTOR & ROLF – www.viktor-rolf.com

VIELEN DANK!

LAURENCE KING, JO LIGHTFOOT, ANGUS HYLAND, WOOD MCGRATH, ANDY OSMAN, GIOVANNA CELLINI, MELANIE CARVALHO, CLARE PRICE, CLARE SHILLAND, BETH FENTON, ELLEN LOFTSDÓTTIR, LAURA CARLIN, LUKE PENDRELL, LIZZIE FINN, CHRISTINA CHRISTOFOROU SAFIYA CHAKRABARTI *und* BEN BRANAGAN.